MAY THE BUDDHADHARMA REACH ALL SENTIENT BEINGS • LAMA YESHE WISDOM ARCHIVE •

# 看自己的心，比看電影精彩

The Peaceful Stillness of the Silent Mind: Buddhism Mind and Meditation

Lama Thubten Yeshe
圖敦・耶喜喇嘛 ◎著

# 目錄

【英文版】編輯的話 4
【中文版】編者的話 6
1 佛教讓人人有收獲 9
什麼是佛法 10
問與答 31
2 心靈修行與物質主義 39
佛法是中道 40
問與答 58
3 體驗沉靜智慧 69
保持自我察看 70

問與答　84

## 4 態度比行爲重要　105

具備正確的理解　106
問與答　133

## 5 禪修入門　135

禪修調伏自心　136

## 6 不執著地走自己的路　159

禪修遠離執著　160
問與答　195

辭彙表　200

#【英文版】編輯的話

本書收錄的六篇文章是耶喜喇嘛在西元一九七五年訪問澳洲期間的開示。頭三篇是耶喜喇嘛在墨爾本大學連續三晚的系列開示。在第三天晚上，耶喜喇嘛認爲大家已經聽夠多了，而改換成禪修指導。我們在此章的文中有清楚地圖示耶喜喇嘛暫停的地方，建議您不要直接讀過內容，而是在閱讀每一個段落之後，稍停幾分鐘思考耶喜喇嘛的話，這也是喇嘛當初的打算。

後三篇文章是耶喜喇嘛在雪梨的公開講說。再次來看，這些講說充滿了愛、洞察、智慧及慈悲。耶喜喇嘛個人非常喜歡問與答，過程活躍，內容豐富精彩。我們期盼您享受閱讀這六章的佛法談話，就像我們滿心歡喜將之呈現在您面前。

再次，謝謝溫蒂．庫克（Wendy Cook）及琳達．格特爾（Linda Gatter）提供親切和善以及很有幫助的編輯建議。

#【中文版】編者的話

自有人類發展以來，現代社會所擁有的物質文明已達極致，其帶來的便利、安全、快速享受，都是歷史上的最高品質。但，我們的心靈品質呢？我們的煩惱心、不滿足的心，並未隨著高度物質文明而改善。打開新聞媒體，仍然處處看見因煩惱心、惡心、貪著心、憤怒心，造成許多傷害，帶來各種痛苦。換言之，我們仍然沒有提升自己的心靈品質。

慶幸的是，五千年前的佛陀爲我們留下一法：一條認識自心之道。透過此道之開展，我們可以認識自心、體驗自心、消除煩惱心、轉惡爲善行。本書演繹的重點即是如此。

心靈課題是我們這個世代的重大關鍵。外在的物質主義完全無法取代心靈上的學習與滋養。猶如短暫的滿足後產生更多的不滿足，於是你一直往外攫取，不曾眞正和你的心溝通，不曾眞正地體驗你的心。

怎麼認識你的心，怎麼開展你的心無與倫比的力量？上世紀在西方弘法影響甚深的耶喜喇嘛以最淺顯、幽默的開示與我們分享。

耶喜喇嘛說：「察看自己的心會有多難？你不必去寺廟，你不用上教堂。你的心就是自己的寺廟，你的心就是自己的教堂。你就在這裡以自身的智慧與內心結合。非常簡單。」

歡迎打開本書，和你的心來一趟相識相知的美好旅程。

耶喜喇嘛與學生，1970

# 1

# 佛教讓人人有收獲

佛陀所說的一切佛法，
沒有任何一法不是關乎人的內心，或者不是與內心結合。
佛陀說的任何法都是關於內心。

墨爾本大學，菲力普王子劇院
一九七五年四月四日

## 什麼是佛法

有些人讀了幾本書，就認為自己全盤瞭解了佛教和佛教徒。這些人挑了一本書，就說：「嗯，我看看這本書寫些什麼。哎呀，就書的內容來看，看起來佛教徒真是極端，他們相信各種奇奇怪怪的事。」接著又選了另一本，說：「我的天呀，佛教徒根本是徹底的虛無主義者。」這些人以極少的資料就下了各種的錯誤定論。他們什麼都沒看到，也沒看到佛教的整體性。這麼做是相當危險的。

這些人可能讀了佛教的中觀派思想，中觀派對於空性，即是實相的勝義諦，具有嚴謹的知識，相當艱深難懂。他們讀了中觀派的見解，便認爲：「啊，佛教徒不是宗教信仰者，而是無神論者，佛教徒根本什麼都不信，他們認爲什麼都不存在。佛教徒怎麼能認爲自己有宗教信仰呢？」這種看法也非常危險。

其他人還可能下這種定論：「哇！佛教徒相信有三位神！他們說佛陀是神，佛法也是神，僧是第三位神。佛教徒是超級宗教信徒，這眞是太誇張了！我們在西方從來沒聽過有三位神這種事，神只有一位。我們有宗教信仰，但我們相信只有一位神。到底有多少神，我們甚至沒辦法認同佛教徒。」要是你單看佛教裡面一個小面向，當然對你來說可能太誇張了。佛教不是關於一兩個芝麻綠豆的小事，也不是狹隘的哲理，**佛陀講的是宇宙一切現象的本性**。

到目前爲止，我教西方人佛法已經有九或十年了，我試驗看看佛法如何能對應西方人的心，而我主要是在尼泊爾柯槃寺的一個月禪修課程來做這個試驗。我們在一整個月的禪修課程裡會儘量廣授佛法，不過我發現要是談太多負面的內容，參加禪修課的學生會整個抓狂。不是全部的人都會這樣，不過很多人的確會如此。他們說：「這些喇嘛強調太多負面的事了，爲什麼不多談一些正面的東西？佛教不會只談煩惱還有苦吧，爲什麼喇嘛們天天教我們這些負面的東西？」

佛法是這樣的，在你走向解脫、成佛或神的正向道路之前，不論你用什麼詞都好，什麼詞並不要緊，你必須先瞭解自己的負面心是怎麼回事。

要是你不瞭解自己在內心當中，高估及低估這兩個極端負面看法是怎麼回事，那你怎麼糾正自己的行爲舉止，讓自己走上正確的修行道路？由此可知，清楚自己本性的負面心是必要的。事實上，如果你理解自己的負面心從開始到結束的演變，你會感到非常自在。相反地，要是你不知道負面心怎麼作用，最後會把惡的行爲誤認爲是善的。

更進一步來說，如果你沒有穩固的基礎，亦即明白何爲善，何爲惡的情況下，就在解脫道路上修行，當有人抛出一個簡單的問題，質疑你究竟在修什麼，這個問題就會讓你的修行整個脫軌。你可能會感到茫然失措而放棄修行。這種情況就是軟弱心的徵象。你必須看到負面心及正面心演變的整體性。

有些人認爲佛教或許是個很好的宗教，對於殊勝的事永遠談得像外交辭令，說得很甜美。我們在教初學者佛法時，不會一開始就談到殊勝的事。首先我們會解釋你目前心的本性，談談你的心到底是怎麼回事，就談當下時刻，不會一開始就談到離我們很遙遠的佛陀。

## 佛陀說法因人而異

不過，談到這裡，我想談談佛陀的本性。我之前曾提過有些人對佛教的認識很狹隘，他們認爲基督教和其它宗教主張上帝是唯一的神，而佛教徒卻崇敬三個神。事實上，要是你明白「佛、法、僧」眞正的本性，就會知道這三者並不是分開的。佛是佛，佛是法，佛是僧。接受佛、法、僧是究竟皈依的對象，並不會和神是唯一的看法有所衝突。

有人認爲佛教充其量是哲學思想，沒有包含宗教修行，這種看法也是錯的。佛教包涵了哲學思想以及宗教修行。佛陀在說法時採取因材施教，因爲每個人的負面心狀況不同，所以佛陀對於該如何對治負面心的方法也就不同。有時候佛陀會這麼說：「是的，這存在。」但佛陀對其他人的解釋是：「不，這不存在。」端看對方最適合哪一種佛教的部派宗義。

有些內心狹隘的人看到佛陀的回答不一致，就認爲佛陀的回答互相矛盾，佛陀也糊塗了。但佛陀不是糊塗，他是睿智的老師，能夠看見不同的心會遇到不同的問題，所以有必要給予不同的解答。舉個例子，一位醫術精湛的醫師可能要發燒的病人斷食幾天，但之後卻告訴那位病人要進食。內心狹隘的人可能就這麼觀察：「這個醫生太誇張了，他有天說不准吃，隔一天又說要吃，他眞是糊塗了。」事實上，這個醫師很有智慧，因爲他知道要怎麼醫治病人，所以他在不同時間點給予不同的治療。

**佛陀是大醫王，佛也是如此醫治弟子。佛陀根據衆生心性的程度而給予開示。**

你沒辦法對心還處於徹底愚矇的人，突然間對他們提到複雜深奧的成佛見地。這些人還有一段長路要走，要給的是他們狹隘心能消化的內容。

即便佛陀親自對你開示在你內心還無法消化的法義，你也會抓狂。不但得不到法益，你還可能發狂。你要知道這一點。

## 依據程度漸次修行

即使在佛教傳入西藏之前，當時佛教就已經出現許多不同部派、學說及思想。現在依舊如此。但基本上它們之間並不衝突，都是爲了人的內心漸次成長的需要。事實上，一切不同的學說及思想之所以存在，就是爲了個人的心在不同發展階段的需要。

在佛教部派裡的最下部派，佛陀教導一切現象都是自性有。接著，佛陀說一切現象並非完全自性有，而是有些是對境那一方，有些是自心的這一方。最後，佛陀解釋說，事實上對境那一方非自性有，對境不過是名言安立而有。

你會發現，有些宗教並沒有這些不同層次的見地，沒有爲了人內心漸次發展而有多種修行方法。在佛教裡，你的心起先處於什麼程度，就會有特定的修行要去修持。透過這些修行，你的心會成長一點，然後你會被教導下一個修行層次的方法。當你都完成了這些修行，就能繼續朝更高的修行前進。依照這樣的修行方法，你的瞭解及知覺會一點一滴地改變，在修行道路上會有所進步。所以，佛教是相當精確的。不論你是誰，都可以找到適合個人內心層次的特定教法以及修行方法。

在西方國家，我們會拿起一本書，說道：「喔，這本書看起來不錯。

喜馬拉雅山中心的學生, 1973

我喜歡這本書，我就照著書的內容來禪修。」但即便書中文字讀起來非常美好，你也喜歡書中的看法，但假如你的程度還不適合書裡的修行方法，書的內容就不可能與你的心結合。要是你拼命修，到最後你可能會想：「喔，這本書談到的方法根本不管用。」但問題不在於那個方法，而是你拼命要去做一些你還沒準備好的事。你不知道該如何將這些看法與你的心做結合，或者把書中的看法放進你的經驗。這一點才是問題所在。

你可以從世界上每一本書裡發現很棒的想法，但這些想法要怎麼跟你的心有關連？你要怎麼把它們帶到你每天的生活？要是你做得到，你做這些修持是有道理的。你的心會變得柔軟、和緩、平靜、寧和，你也會快樂多了。你就能夠開始嚐到法的蜜甜。不然的話，你嚐不到蜜，只喝到可樂。喝太多可樂，就會放太多屁，還會睡不著，一直跑廁所。我開玩笑的！我說的不是身體反應，這些都是內心改變的例子。

## 指引你的心方向

**佛教的任何宗義或修行，其目的只有一個，就是對人的心理治療。**

佛陀從來不曾爲了能自傲地說：「這是我的教義。」而說出深奧難懂的法。佛陀所說的一切佛法，沒有任何一法不是關乎人的內心，或者不是與內心結合。佛陀說的任何法都是關於內心。佛教談的是怎麼過人生的一種方式，而你的人生與你的內心、你的見解、你的經驗息息相關。因此你對佛教下定義：「佛教是這個、這個或那個」的時候可要謹愼小心。

例如，聽完了這堂課，你回去後會同別人說道：「佛教是這樣，佛教是那樣，這些都是那位西藏喇嘛說的。」但請大家別認爲今晚我分享的是佛教的一切。我所談的內容連邊都沾不上。我現在說的內容，並無法當佛教的度量。

佛教有分不同宗派，各宗派有不同層次的見解，適合不同的內心狀態。當你選了一本佛書，你怎麼知道這本書的內容適合你的心？當然，佛陀傳下來的種種教法，一定有適合我們每個人的方法，要是你夠聰慧的話，當然可以選一本適合自己的佛法書籍。佛法對每個人來說，是人人有收穫，任何人都能瞭解一些佛法，也都能實證佛法。佛法裡沒有東西是太難、而沒有任何人能瞭解的。佛陀根據個別眾生的根器而給予恰好的佛法，所以有不同的方式、不同的見解、不同的宗義、不同的學說。

例如佛陀對於業果之理在每天生活的作用作了廣泛的解釋，你不用很聰明就能聽得懂。佛陀在初轉法輪時所說的法是**「四聖諦」**，佛陀將業解釋得很簡單。一開始，佛陀先解釋苦，這樣開始是不是有道理？要是有人對你描述你的煩惱心，它是怎麼出現的，它會怎麼不見，它有哪些作用，你怎麼能拒絕，回道：「喔，我受不了。」不可能。當有人詳盡地，確實無誤地和你說，你的心之所以會有煩惱，是由於煩惱心是分裂的，不是整合的，所以煩惱心讓你的生活產生種種衝突，你怎麼能拒絕對方，不去聽他說這些話？要是有人對你解釋這些，還是圓滿無缺的解釋，你怎麼可能會說對方說的太難懂？

耶喜喇嘛在柯磬寺, 1974

## 佛法是對治各種煩惱的藥

我們在這裡不打算教初學者深奧難解的中觀宗義，誰適合聽空性的教法，誰還不適合聽，我們能馬上看得出來。對於還不適合聽聞空性教法的人，我們可以教他們關於生活中會遇到的問題以及苦的本質，以適合他們的方式來讓他們瞭解每天生活的演變。

事實上，佛陀透過各種不同的方式來談人受的苦以及煩惱心。佛陀對某些人所作的解釋很簡單，而對於比較聰慧的人，佛陀則是給予更微細、專精的解釋。佛陀甚至在教導苦的本性都很了不起，能運用許多不同的方式，將這些法介紹給人。是不是很令人讚嘆？你怎麼會不承認你有顆煩惱心？「我才不信我有煩惱心。我不想聽這些。」你怎麼能否認它？你每一天都受困在這副血肉身軀，得一直忍耐下去。當有人對你解釋這身軀的本質時，你怎麼能拒絕呢？

或許，你會反駁說，你的心沒有不安啊，要是這樣的話，我跟你說，你好好地回想自己晨起時的狀態。只要花一天時間好好觀察，你就知道了。或者根本不用一天，只要雙腳盤坐一小時看看。你的自我就會整個抓狂了：「天阿！我的膝蓋痛死了。」膝蓋痛只是暫時的，而你的煩惱心卻會一直下去，一直下去，一直下去，日夜不休，年年月月，沒有停止的時候。

「佛法」的梵文譯音是「達爾瑪」。**佛法是藥**。就像每種病都有治療的藥一樣，佛陀對每種心病也開了專門的處方。那就是佛陀所教的。佛陀不是整天只說一樣的內容，內容和聽者沒有關係，或和聽者的難題不相干。所以我們不能斷言：「佛教就是這個。」佛法不能概約成爲單一的描述。

我之前談過佛教思想分成許多不同部派。在佛教思想裡主要分成兩種，小乘思想及大乘思想。大乘思想依次再分爲波羅蜜多乘及金剛乘。金剛乘又稱密乘。密乘，或稱密續，也可分不同的部。基本上密乘分成四部，每一部都有特別的修行方式，不過現在我不能深入講下去。但有一點對你很重要，你要明白在佛教思想裡有如此周全組織的、一步接著一步的道路，你可以循次漸進，逐漸讓你的心進步直到成佛。由於藏傳佛教在這一塊還沒有建立得很完善，我就先稍微提一下，讓大家有些認識。

例如，現代發明了先進的交通工具，像是高速跑車和噴射機，但這並不代表我們再也不需要腳踏車了。人類的交通工具在演變過程裡，一開始是動物拖拉的獸力車，再來發明了車子，接著是飛機，到現在已經發明登上月球的火箭等等。很快的，就會發明比現在火箭更先進的交通工具。你不要認爲這些發明已經是人類的極致了。人的內心在進展的程度上沒有侷限。就像現在人人都擁有一台電視機，但在幾十年前，要是你對某個人提到電視這項發明，對方不會相信會有這種東西。或者至少在現今已開發國家裡，很多人都有車。或許將來有天這些人都會有台噴射機。你會說這是不可能的，爲什麼不可能？這些發明都是物質現象，只要人的心朝向這方面努力，這種事情是辦得到的。這不是什麼超自然現象，不過就是還沒發生罷了。

我要說的就是物質發明有不同層次，早先的發明並不會跟之後的發明有所衝突，相同地，佛陀傳的甚深教法也是如此，包括思想、教理、學說、修行方法，都是爲了每一位學佛者的內心能逐漸成長，彼此之間並不衝突。

當然，如果你認爲只有自己感知到的物質感官世界，內心想像的不能成眞，這種想法全是你的臆測，而這種臆測是很荒謬的。即便在發明火箭之前，火箭發明者也必須先在心裡頭構想。一開始他要先有這個夢想，再來他把火箭需要的物質成分都集合起來，接下來打造火箭，然後就有火箭了。發明火箭的人不可能一開始沒先在心裡創造出火箭，就做出了火箭。所以你就知道各種現代發明都是內心力量的產物。因此，不要認爲夢想不可能成眞，夢想的確有可能成眞。

或許今天先說到這裡。基本上，大乘佛教包含了許多方法和技巧，每一種對每個人的內心成長來說是必須的。我不繼續深入談下去，不過要是各位有任何疑問的話，我很高興來回答大家的問題。

# 問與答

## 問題1

**我想問有關轉世的問題。有些神秘學家認為會生在西方國家的人，代表他在西方國家有要學習的功課，這些人還認為東方哲理相較之下是比較落後的，因為投生成西方人，代表他過去很多生當過東方人。這種看法可能很可笑，有些人就是這麼想，那您怎麼看呢？**

你的問題很好，那你自己的結論呢？你認爲投生在西方的人是比較高等，要是他們去學東方哲學的話，就像下墮畜生道那樣嗎？我聽你在敘述的感覺就像這樣。這個問題很好，有些人的確可能會這麼想。我也認同有人或許會說：「我受夠了西方那一套來左右我的生活。我忍不下去了，我要去東方。」這樣的人太極端了，他以這種態度摒棄西方思想，接納東方思想，倒像下墮到畜生道。

不過可能有西方人會想：「我什麼都有了。我受了高等教育，我有太太，成家立業，有一份好工作，有房，有車，有錢，但我還是覺得不夠。我在年紀小的時候，以為只要擁有這些我就會快樂，但我現在並不快樂。錢不是萬能。我要照顧自己的心。」這個人很清楚整個西方思維，但他還是不滿意，想多學學心靈方面的事。他能去哪裡學？他知道西方心理學家沒辦法解釋心的本質，心在當下如何地發生作用。但他馬上就想得到滿意的答案。他想無所畏懼地面對世界，無所恐懼地照顧自己的心。他到處尋找答案。最後發現東方思維帶給他的助益多過西方。這樣去學習東方哲學是往前進的，不是往後退到畜生道。對有些人來說就是需要這麼去做。因此西方思維對有些人來說很好，對另外一些人則否。

## 問題2

**有科學家提出宇宙有其他高等智慧的生物。人只能在地球證悟成佛嗎？或者您認為其它星球也有高等生物，這些高等生物可以在自己的境界成佛嗎？**

你能證悟成佛的環境不只在這個太陽系而已。科學和佛陀都描述過有千萬億個太陽系。佛陀在兩千五百年說過的，這和現今科學家發現到的，兩者恰好符合。

## 問題3 您有轉世投胎過嗎？您有前世嗎？

有，當然我有。從上輩子轉世到這輩子的是心，不是這副身軀。我也會一直轉世下去。今世會變成來世的過去世。沒有任何東西能阻止意識或又稱爲心的能量。因此，自殺不是人生困境的出口，比較好的作法是好好放鬆，等到自然壽盡。

## 問題4 佛教有提到某個特定心的止息嗎？或者心會一直持續傳下去？

有些心是會止息的，但本心不會止息。剎那接著剎那的心如海浪，浪會停歇，但本心的大海，其力量永遠會持續。

## 問題5
**您的意思是這世界以及宇宙會永遠繼續下去嗎？**

我說的是心會持續下去。

## 問題6
**那麼是誰轉動此輪？**

誰轉動此輪？能量。例如，昨日你內心能量自動就會轉動到今天。這就像身體一樣，死後身體元素的能量會持續下去，儘管會是另外的形式。

## 問題7 衆生數量在過去是一直不變的嗎？衆生數量在未來會一樣多嗎？

我們這個太陽系的眾生數量會變，有時比較多，有時則比較少。在這個太陽系裡的眾生來來去去。

## 問題8

### 您的意思是我們有可會轉世到其它太陽系？

對，我們會轉世到不同的世界去。

有時轉世有色身，有時轉世沒有色身。

現在得要結束了，如果各位有其它問題，明晚請提出來，我們再一起辯論。

# 2

# 心靈修行與物質主義

當你固著一種想法，就會攀著它，相信它。
佛陀的心理學教導我們要脫離這種攀執。
但不是帶有情緒、排斥的放棄，而是從兩個極端中採取中道。

墨爾本大學，菲力普王子劇院
一九七五年四月五日

## 佛法是中道

一般人常提到心靈修行與物質主義，這兩個詞到底是什麼意思？事實上，要談這個題目並不容易，它的內涵很深廣。可能有數不清的觀點可以切入來談心靈修行與物質主義到底是什麼。

我們或許在表面上會認同「這是心靈修行，那是物質享受。」但要是你深入地看，我想你會發現我們每個人持的觀點不盡相同。

有人認爲心靈修行與物質主義水火不容，勢不兩立，要兼顧兩者是天方夜譚。有人則認爲那些會追求心靈修行道路的人，純粹是因爲他們過得不開心，沒辦法擁有物質享受，從物質享受裡找不到快樂，沒有辦法面對社會的生活，所以幻想著遠方某處有一個他們能相信的神。

認爲心靈修行者要捨棄所有物質享用，這是另一個常見的錯誤看法，這種看法認爲不可能既修行又同時擁有物質享用。在我們的世界，這種膚淺的矛盾衝突也很常見，「是這樣，就不能是那樣；是那個，就不能是這個。」一般人對於有錢的心靈修行者會說：「你怎麼能這麼有錢？你應該要好好修行啊。」這種批評顯露出說者一點都不清楚心靈修行和物質享受這兩者的眞正意思。

我的看法是，像是剛才提到的那種說法是錯誤的想法，太極端也太僵化了。

另外還有人會說：「你是修行人？那你一定很信吧？我什麼都不信。」但只要問這種人幾個基本問題，就會顯露出他們相信的，其實比大多數宗教信仰者還信更多。「信」並不純粹是知性的，只要你對於想法、物質受用或好壞的投射有所偏執，以我的看法來說，這樣就是信什麼了。你說：「我什麼都不信。」這句話根本不是眞的，所謂的「信」，不是只針對相信天上有神，祂掌控著你，還會懲罰你的這種畏懼感。要是你好好察看人的內心，找不到有人眞的什麼都不信。這是不可能的。只要人偏執任何東西以及好壞的概念，以我來看，這樣的人都是相信些什麼的。

## 生活中體驗修行之道

眞正睿智的心靈修行者並不會堅持極端的信念，例如幻想他們受到某種外在的力量強行控制。因此，不要認爲追尋心靈修行的人都在編織幻想，都是極端的信仰者。他們會是什麼樣子，要看他們如何瞭解其依循道路的本質。

當然，我知道有些人，特別是從小生長在西方國家的人，可能會抱持物質主義的態度來看心靈道路。這些人一接觸到佛教或其它宗教，馬上就被深深吸引住。他們不先去認識接觸到的宗教，也不去觀察這宗教是不是適合自己的本性，就一把抓住，說道：「喔！好讚啊！」那樣太極端了。這種作法也非常危險。就我來看，這樣不是修行的態度。你光是喜歡某些想法，並不表示你瞭解它們，或者也不代表你能在生活中付諸實踐，甚至對這些想法能有直接的體會感受。你可以把任何想法定義成是好的，但如果它對你的生活沒有任何影響的話，你怎麼能說：「我好喜歡這種想法。我是修行人。」那樣是很荒謬的。

像這種態度都很危險。心靈修行者得要踏踏實實過生活，而不是幻想著：「我是耶穌！大家來看我啊！」「我是佛陀！大家來看我啊！」這種人對於自己的實際情況裡，有這種荒誕誇張的觀點、完全錯誤的看法，這跟宗教一點關係也沒有。

宗教不只是吸引你的純粹知性想法。它應該比較是你生命的根本思想；它應該是經由自己的實際體會，找到與自己內心有關連性的正面力量。如果你聽到一種看法而覺得它很有道理的話，你一開始先要從自己的體會去嚐到滋味。只有這樣做，你才能說已把這個看法放進修行的道路。

就像你生平第一次聽到佛法，你就想：「喔！眞棒！這個眞好！」然後，因爲你把初次聽聞到的佛法給物質化，於是你努力在每天生活有天翻地覆的改變。然而這麼做行不通。這樣不可能。你能做的只有逐漸改變內心。要實證佛法就要從你現有的起點開始，以你所做的任何修持作爲基礎。捨棄你的本性，憑著你覺得很好的一些看法，就想把自己徹頭徹尾地改變，就像在換衣服，這麼做才是眞正的幻想。那樣太極端了。會這麼做的人代表他不明白修行道路的本質。太危險了。你好好觀察看看。我們一般人都習慣很膚淺地去看事情。

## 物質和心靈並不衝突

我之前談過，要是我們捫心自問，什麼是心靈修行的本質？什麼是物質主義的本質？大家想到的答案會不同，不會有一致的結論，這是因爲我們想的方式不同，各自的人生經驗也不一樣。即使你拿一個不知名的東西給一群人看，問他們這是什麼東西，他們會依著之前的經驗來猜，所以可能會得到許多不同的答案。相同的道理，我們被問到什麼是宗教，什麼是物質享受，我們的回答也會各自不同。

我的看法是，追隨心靈修行的道路，並不表示你就必須捨棄物質受用；而朝向物質受用的生活，也不見得不符合心靈修行的條件。事實上，即便你是物質主義者，要是你好好地深入檢查自己內心的本質，你就會看到自己某部分的心已經是宗教性了。即便你宣稱：「我沒在信什麼。」但你的內心裡已經有宗教的那一面。這種狀態或許並非是知性的，也不是你意識到思考想法，但的確有心靈力量之流不停地穿過你的心識。事實上，甚至宗教上的智識及思想那部份，也已經在你心中了，不過這些部分並沒有轉成從書裡或文章裡出現，它們卻早已經在了。所以你要謹慎。你的極端看法可能會把心靈修行與物質主義看成是完全衝突的，但並非如此。

事實上，從宗教包容的角度來看，與現今世界不到一百年前相比，已經是比較好的環境了。那時候的人持著相當極端的觀點，尤其是在西方國家。宗教信仰者害怕不信宗教的人；而不信宗教的人也害怕宗教信仰者。每個人都相當沒安全感。這些感覺的基礎都是錯誤的看法。這些大概都已經是過去式了，但的確有可能有些人還會有這樣的感覺。有很多人的確認爲宗教修行與物質生活是水火不容的，但並非如此。

因此，你要盡量採取中道，不要落入極端的想法：「我就是修行人」，緊抓它不放，攀在上頭，幻想自己應該要過著什麼樣的心靈生活，而忽視每天生活的基本本性。「我這樣子修行，我過得好快樂，連茶都不想泡了。」這代表你所謂的宗教修行與每天生活的需求並不調和。要是你所追尋的眞的是修行人生，那麼修行與生活所需這兩者應該要更調和，更能互相配合，那麼你會關心，也會知道自己每天的生活需求，生活需求不會阻撓你修行。之所以會有卡在生活與修行之間的阻撓，表示你自認的修行道路有問題。你沒有對周遭世界打開心胸，心反而是關閉的。因此溝通就很難了。如果你修持的宗教是眞實的道路，能夠讓你原本不滿足的心找到讓你滿足的答案，你就應該更能好好地過每一天、當一個不錯的人。生活要是靠純粹妄想出來的想法，這麼做是不切實際，到最後你連買早餐都辦不到。大家要謹愼觀察，自己是否眞正瞭解自己行持的宗教修行，你可能會發現有很多地方需要再調整、修正。

## 關鍵是內心的改變

佛陀說的每件事，他所傳的一切教理和學說，都是爲了趨入我們的本性，爲了要讓我們體認到心的本性。佛陀從沒說過我們只要相信他所教的，相反的，佛陀要我們盡力去瞭解才行。

你要是不瞭解的話，你的整個心靈道路就是一場幻想、虛夢、妄想罷了。一旦有人對你的宗教信念提出質疑，你的心靈生活就會脆弱如紙牌搭建的房子般崩塌。你的種種妄念像薄紙般，而不是水泥。別人只要問你一個問題：「這是什麼啊？」你的修行就會整個消失不見了。你要是缺乏瞭解，就不可能對於正在修持的內容有令人滿足的答案。

因此，我鼓勵大家結合兩者。你可以好好地享受物質生活，但同時也要瞭解你所享用的本性，包括物質的本性以及在享用物質的內心本性，還有物質與內心這兩者之間的關連。如果你對這一點能有深入的瞭解，就是宗教。要是你對這部分一點概念也沒有，要是你只看外在，從不看內在的話，你的心就是狹小的，以我個人的觀點來看，這就是物質主義的思維。

**物質主義不在於你擁有的物質，而是在於你的態度。**

例如我把自己的人生價值放在一個對象上：「這朵花好美啊！只要花一直開著，我的人生就有意義。要是它凋謝，我也活不下去了。」要是我眞的這麼想，不是很笨嗎？當然，這只是一個例子，這例子就是物質主義思維會有的極端看法。比較務實的看法是：「是啊，這朵花眞美，不過花不長久，今天還綻放著，明天就會凋謝。但我對生命的滿足感不會單靠花而已，我生而爲人也不只是爲了賞花。」

因此，不論你從宗教瞭解到什麼，例如佛教，或是純粹的哲學思想，你都應該把它融進你的生活基礎。再來，你試驗看看：「我這麼去做，內心還會不滿足嗎？」這樣就夠了。你不必在生活上有天翻地覆的改變，把自己跟世界硬生生地切斷，才學到不滿足是源自內心。你可以繼續過一般生活，但在此同時要努力觀察不滿足的心的本性。這種作法很實在，很務實，你也一定能從中找尋到自己追尋的解答。

否則，如果你接受一些極端的想法，僅在知性層次極力捨棄你的東西，只會把日子弄糟而已。人的身體要維持生存下去，至少要吃午餐、早餐，或什麼食物。所以你要實際一點。你沒必要大大改變外在生活，你只需改變內在，意思是不再妄想東妄想西，而是要看到實相。

## 一直改變，改變，改變

要是你眞正地探索下去，宗教和物質主義這兩邊的極端都是妄念。兩者都是染污心投射出的極端批判。你不用去理會人家說：「我啊，我什麼都不信，我唯一相信的就是今天早上我吃了早餐，我今天做了這件事，做了那件事。我所看到的還有想的，都是眞眞實實的，我不會妄想東妄想西。」如果你直問對方：「你覺得紅色這個顏色如何？」你會馬上發現他的回答就是妄想。他看到感官世界裡的形狀及顏色，卻不知道所見之物的眞實本性，其實是他內心的投射而已。你問他：「你喜歡什麼顏色？你喜歡黑色嗎？」他答道：「喔，我不喜歡黑色。」你再問他：「那白色呢？」他又答：「喔，我喜歡白色。」這個人喜歡一個東西卻不喜歡另一個東西，這裡就有兩個東西的區別，表示這個人的心是染污的。反正在我們生命當中有很多經驗不是透過口語表達出來的，但的確有這些經驗，而且這些經驗會障蔽我們內心，它們是不是有表現出來沒有關係。

我們常不確定到底自己眞正想要什麼。我們往往太極端了，心生病了。我們心中閃過一個念頭，就巴著這個念頭不放，然後付諸行動。然後另外一個念頭出現了，我們又巴在另一個念頭上，再做出另一種行動。我把這樣的人稱爲精神分裂者；不去察看。念頭來來去去，我們不要巴著念頭，而是要去察看它們。有人的想法很僵硬：「這個絕對好；那個我討厭。」或者有人說他覺得某個東西很好，但你立刻跟他唱反調：「不，不，不，不，不。」你與其馬上否定他人的看法，不如先問對方爲什麼會這麼說。試著去瞭解爲什麼你不同意對方的看法。我們愈是拿僵硬的想法來綁住自己，愈會製造出自己與他人更多的麻煩。別人有些改變，我們就抓狂了。我們要去明白爲何別人有這些改變，而不是先抓狂。當你瞭解對方改變的理由時，你就不會覺得那麼難受。所謂僵硬的想法像是：「我的生活就是完全要這樣子。」這種想法只會帶來問題。要緊緊地建立你的生活該是怎麼樣子是不可能的。

每個人的心，每個人的基本本性是一直在變化的，一直在改變，改變，改變。你得要去接受這一點，讓你對於「事情應該是怎麼樣」的想法帶來一些彈性。僵硬的想法會讓日子過得很辛苦。我們爲什麼會固著想法「我希望生活完全是這樣子」？因爲「我喜歡」，就是這個理由，因爲我們就是喜歡這樣。我們當中沒人想死，但我們能找到解決方法而不用死嗎？我們想要長生不老，在世上享樂，但我們能解決這個問題，從此長生不老嗎？不，不可能的。你的自性——心、身體、世界，會自動一直變。巴望著事情完全按照單方面發展的這種想法，只會造成自己的麻煩。

當你固著一種想法，就會攀著它，相信它。佛陀的心理學教導我們要脫離這種攀執。但不是帶有情緒、排斥的放棄，而是從兩個極端中採取中道。如果你能具智慧把心放在中間的話，會發現快樂與喜悅就在那兒。你不需要太費心力，自然就會找到平靜的氛圍，你的心會處於平衡狀態，也會處在平靜、喜悅當中。

先談到這裡，我可能話說太多了。無論如何，不管我們花多久時間談這個題目都說不完。所以要是你有任何疑問的話，請提出來。我想這時候回答問題會比較好。

## 問與答

### 問題1

### 出家有什麼益處？

我個人的看法是出家生活有更大的彈性，以及較少的僵硬想法。舉例來說，要是你走入婚姻，要是你從無窮盡的原子裡面選出其中一粒原子，把你的生命奉獻給那一個人，我認爲這麼做是狹隘的。出家是把自己的生命獻給一切眾生。你的心會比較具有平等性，而不是被一粒原子給牽絆住了。當然，我不是說出家是唯一的路，如果你有智慧，什麼事你都能做到。

## 問題2 所以您不會勸每個人都進寺院出家？

那是個人的決定。這個世界多的是讓我們心煩意亂的東西。如果一個人的心量狹小，而且在社會生活對他會困難重重的話，或許他出家會比較好。但如果一個人可以和世界處得和諧的話，婚姻生活不會造成他的困擾，他反而能把心掌握得很好，還能幫助他太太，這樣的人就能走這條路。沒有非要怎麼做不可，這是很個人的。

## 問題3
### 成佛是什麼意思？

簡單來說，成佛就是超越了內心處在無法控制、心煩意亂、不滿足的狀態；成佛是圓滿的自由狀態，永恆安樂的狀態，並且完全了知心的本性。

## 問題4
### 有人提到「在內心看見光亮」，這是什麼意思？

一般來說，黑暗的相反就是光亮，但或許我該從心理學角度來解釋，當你的心太狹小，充滿了對於念頭、形色、以及東西等等此類的執取，你的內心本性會偏昏暗、遲緩。一旦這些東西消失了，光芒就會出現。就只有這樣。全都是內心的看法而已。所以，不用擔心，事實上，你在生活每一天都見得到光芒。甚至光線全暗時，你也見得到黑光。但不管你看到是哪一種顏色的光芒，像白色、黑色，任何一種顏色，光芒都不是從外面出現的，而是來自你的心。有一點很重要，你要好好地探索，無論你看到什麼光芒，光芒都是來自內心。有個人讓你氣炸了，你看到紅光，那紅光來自你的心，是你內心的投射，光源不是來自外在。這一點很有意思。人的每一種不同內心覺知的對象都有顏色，心的每一種想法也都和顏色有關。

你自己好好觀察，試驗看看。

## 問題5

**我想我瞭解您提到這些視覺對境的意思，但像是理解概念，像是語言、文法，我們在學校學到的這些東西呢？**

這也都是來自你的心。語言是你與生俱來，是你內在的聲音，沒有聲音就沒有文法。一開始先發出母音，沒有聲音便說不出句子，母音跟子音結合而產生語言。文法則是由表達內心創造出來的；人的心創造出語言。

任何語言都是由於人想要表達內心特定想法的結果，而語言的目的在於溝通。語言其實是傳達意思的符號。人類想要彼此溝通，所以發明了語言來溝通。但如果你太執取語言，到最後你會一無所獲。語言就是貪著表淺溝通的迷信態度所造成的。如果你想要超越表淺溝通的話，你一定要超越想法、文字和文法。要是你認爲溝通的唯一方法就是要靠文字的話，你永遠沒辦法超越表淺的見地。你就沒辦法瞭解實相。

## 問題6

## 咒音是聲音，咒有什麼用意？

事實上，咒音不同一般聲音，咒音能幫助你將心超越膚淺的見地。我們的心充斥著非常平凡的看法，被持續的念頭瀑流打斷。若是如法持咒，就自然能和我們的心相結合，從持咒產生出平靜、寧和的氛圍。要能做到這一點，就要看你能如法持咒的程度而定。有時你在持咒時，沒達到與內心結合的層次，但有時你卻做到。不過，當你的內心是圓滿合一的，你就不需要再計算咒數，也不需要持咒。還有，有不同的咒語適用不同目的。我們有各種各樣的問題，每一種情況都有對應的咒語。

## 問題7 您提到我們應該要希求解脫成佛，這一點我能明白，但佛陀不是說過我們要捨棄一切欲嗎？

對成佛沒有希求也有可能成佛。重點在於不要太攀著。如果你是以貪心來攀著成佛這個想法，這麼想對你有害無益。你說的對，佛陀的確說過不要去執取任何念頭，即便是涅槃或成佛都不應去執取。試著去自由自在，不過在做事時的每一剎那接著每一剎那去意識到，準確地注意自己的身、語、意三門。

## 問題8

**您之前有提過畜生道。一旦投生成了動物，就會永遠當動物嗎？動物是否也能成佛呢？**

任何一道的痛苦都不是永遠的，包括畜生道。動物的生命也是暫時的，會一直變化，一直變化。有時候會變成好的情況，有時候則轉成更差的狀態。當動物的生命變化是朝著好的方向時，其內心就能繼續往上進步。至於動物是否能成佛的這個問題，要動物之後投生爲人才行，但動物要投生爲人並不需要有想成佛的念頭。要是動物活在一個舒適、平和、沒有生氣及攻擊的環境，牠們的心會逐漸成長，所以投生爲人的業力就能成熟。但動物通常會一直累積瞋心及貪心，所以心會變得愈來愈迷亂，就會投生到比動物道更差的環境。

## 問題9

**我有時在修止，努力專注在一個對境的時候，會跑出其它讓我分心的對境，我該怎麼讓其它對境不會出現？**

這要看你的能力。如果你努力專注在一個對境上，同時出現了另外一個對境，這時候要是你能不去理睬另外會讓你分心的對境，讓它就此消失的話，這種狀況是最好的，要是注意著那個對境，另一方面卻又抗拒它，這種作法不是解決方法。之所以會出現那個對境，是由於你的心在鬧你。它們是你以前垃圾經驗的化現。所以與其抗拒它們，不如直接深入探析它們的自性。當你一心專注在它們的自性時，這些對境會消失不見，因為它們來自於你的內心。反正我們內心的想法一直在變，所以即便是散亂心也不會長久持續。

謝謝大家，如果沒有其它問題，我們今晚到此結束，明天見。

# 3

## 體驗沉靜智慧

一旦你關閉表面的感官知覺，
而去探察你的內在自性時，你就開始覺醒了。

墨爾本大學，菲力普王子劇院
一九七五年四月六日

## 保持自我察看

你的感官接觸到對境，你覺得身體舒服，盡可能去享受這種愉快的感覺。不過，如果這種感官接觸經驗綁住你的話，如果你愈去注意感官世界，而讓你愈來愈難受，與其感到焦慮，「我沒辦法控制！」**倒不如關閉你的知覺，沉靜地去觀察感官知覺。**

同樣的，要是你被念頭造成的困擾纏繞，不要去攀著其它念頭來停止這些困擾，這是行不通的，你就靜靜地察看這些念頭如何困擾著你。

**在某些時候，沉靜之心非常重要。**

但是「沉靜」不是封閉的意思。**沉靜之心是有覺知力的、覺醒的心，也是找尋實相本性的心**。你被感官世界出現的問題所困擾時，要知道困擾是源於你的感覺，而不是來自那個你感覺到的外在對境。當你被念頭弄得很煩時，要知道自己會煩並不是源自外在，而是來自你的心攀著念頭的緣故。因此，不要情緒性地解決問題，攀著另一個新的東西或念頭，你就沉靜地觀察內心當下是怎麼回事。

不論你遇到什麼樣的心理困擾，與其感到緊張、害怕，不如放輕鬆，盡可能讓自己處在沉靜的狀態。這麼做的話，你自然就會看到實相，還能明白心理困擾的根源。

每當我們遇到問題，不論是內在或外在，我們狹隘的、不善巧的心，只會把情況弄得更糟。有個人皮膚癢，他抓一抓癢處，暫時就不癢了，他以爲抓癢就會比較好，其實去抓反而讓問題更嚴重。我們就是這樣，我們每天做同樣的事。與其想以這種方式來解決問題，不如好好放鬆，依靠我們善巧沉靜的心。但沉靜不是沉暗、沒有作用、懶洋洋或死寂。

## 禪修指導

現在，閉起眼睛五到十分鐘，好好地去看你認爲自己現在最大的問題，這時候要盡量地收攝你的感官知覺，保持在完全的沉靜，同時又以內省智慧，透澈檢視自己的內心。

你把這個「我的問題」放在哪個地方？

是在大腦裡嗎？在嘴巴裡？在心臟處？在胃裡？那個困擾你的想法在哪裡？

要是你找不到「問題」這個想法，不要智識化，只要好好地放鬆。如果心裡面浮出一些不悅的想法或不好的念頭，只要看這些念頭是怎麼出現，又是如何地不見。

**不要帶著情緒回應這些念頭。**

你這麼去練習，就會知道爲何一顆脆弱、不善巧的心沒能力面對問題。但具備善巧智慧的沉靜之心卻能勇敢面對任何問題。它能克服問題，而且能掌控好你的所有情緒以及煩惱心。

你不要認爲我現在所說的是佛教的看法，是西藏喇嘛的想法。它能成爲宇宙所有眾生實實在在的體會。

我可以在今晚的演講說很多，分享很多看法，但我覺得分享給大家這個沉靜的體驗是更重要的事。這比光說更加實際。

當你徹底去探究內心時，你會清楚地發現令人不悅及喜悅的念頭來來去去。更進一步，當你深入探查這些念頭時，它們卻會消失無蹤。你深陷在一件事情當中，你想著：「我這輩子都不會忘記這件事。」但就在你善巧檢查的時候，那件事情就自動消失了。

**這種體驗就是沉靜智慧**。

道理很簡單，但你不要聽到我說這些就相信了，你要自己去體會。

以我個人的經驗來說，比起說很多道理卻沒有實際體驗的教課，靜默的課來得更有價值。

**你在沉靜之心裡會找到寧和、喜悅及滿足**。

沉靜的內在喜悅比吃巧克力或蛋糕的喜悅持續更久。那種喜悅也只是一種概念。

**一旦你關閉表面的感官知覺，而去探察你的內在自性時，你就開始覺醒了**。爲何？因爲表面的感官知覺阻礙你看到散亂念頭來來去去的實相。當你關閉感官知覺，你的心會變得更有覺知力，會發揮更好的作用。當你的表面知覺忙碌不休時，你的心會有些昏暗，內心充滿著你的感官知覺對於對境的詮釋。因此你看不到實相。所以當你被各種念頭及感官世界給緊縛的時候，不要太緊張焦慮，先暫停你的感官知覺，靜靜地看著自己的心。試著完全地清醒，不要深陷在一粒原子裡。

**去感覺整體性，而不要注意個別的對象**。

你沒辦法判斷事情應該是什麼樣子，每件事情都是隨各自本性而改變。你要怎麼去定住任何想法？你知道這是辦不到的。

當你察覺到自己是怎麼想的：「爲什麼我說這個好？爲什麼我說這個差？」你會開始眞正知道你的心是怎麼一回事。你會知道自己大部分的念頭都是可笑的，你會看到你的心是怎麼把它們變得很要緊。如果你好好地察看，就會發現這些念頭其實沒什麼。你這樣去察看內心，**最後會在內心出現一種無的感覺，就讓你的心安住在這種無的狀態。你會覺得非常寧**

**和，非常喜悅。**

**要是每天早上你以沉靜之心坐個十或二十分鐘，你會很樂在其中。**你能夠觀察自己每一剎那接著每一剎那的各種情緒，而不覺得難過。

你對外在世界及其他人的看法也會變得不同。你再也不會視他們爲你生活的絆腳石，他們再也不會讓你沒有安全感。

因此，美由心生。

所以，以上是關於沉靜的體驗。要是大家有疑問的話，現在是問答時間。大家可以以自己的經驗來討論我剛剛所說。觀察你的內心，審視你的內心是非常容易做到的，眞的不難。只要你持續練習，不管你去哪裡，不管什麼時間，你都能體會這種力量。這樣的力量永遠和你同在。但你不會永遠都有巧克力，你想吃時偏偏沒得吃，不想吃時卻又在你面前。

沉靜之心帶來的喜悅來自你的心。因此，喜悅是永遠與你同在的。無

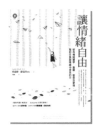

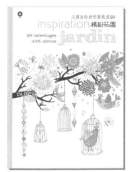

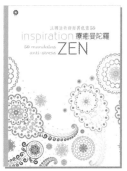

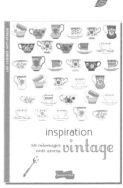

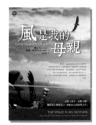

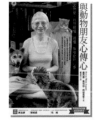

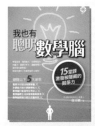

# 當和尚遇到鑽石4
# 愛的業力法則

**西藏的古老智慧，讓愛情心想事成**

別再為了與心目中的理想伴侶相遇而尋尋覓覓、心煩意亂。重要的是，從這一刻起，種下好的業力種子，一切都能改變，答案盡在其中！

## 麥可・羅區格西作品

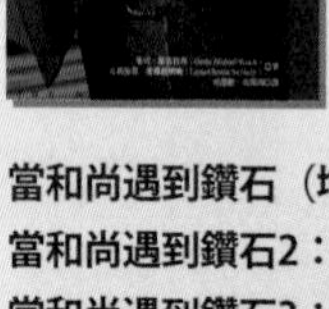


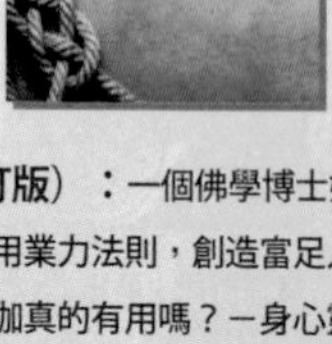

**當和尚遇到鑽石（增訂版）：**一個佛學博士如何在商場中實踐佛法　定價：360元

**當和尚遇到鑽石2：**善用業力法則，創造富足人生　定價：280元

**當和尚遇到鑽石3：**瑜伽真的有用嗎？－身心靈覺醒的旅程　定價：400元

**西藏心瑜伽**　定價：250元

橡樹林

論何時你需要它，它都一直在那兒。

儘管從沉靜之心產生的答案會比說一堆話的答案要好多了，不過一樣的，如果大家有疑問，請提出來。已經有太多的見解與哲思了，這些有時不但沒有幫助，反而會產生愈多的困惑。例如有些英文單字就超過二十種以上的意思。

# 問與答

## 問題1
## 成佛最好的路是什麼？在哪裡能找到？

去面對自己的心。明白自心本性。這是最好的路。要不然的話，你只會淪於蒐集很多看法。太多看法了：「這種看法；這個宗教；這個宗教的看法是這樣。」你這麼做只是蒐集看法而已，但你對於這些看法與自己內心的關連卻一無所知，結果是你會雙手空空。你自身問題的最好解決方法就是去面對它們；努力去瞭解問題的本性。如果你做到這一點，問題會自行消失無蹤。你能從自己的經驗去發覺。要是你讀的書提到很好的看法、宗教或哲學，但你不知道怎麼把這些看法用在生活中實踐，假如你沒有掌握到關鍵，你讀到的這些看法反而會變成問題。你能做到最好的就是試著瞭解自己的本性。這會比你想要更瞭解我這個人還有價值，像是這個問題：「這位西藏喇嘛是個什麼樣的人？」你不可能從這個疑問來解決你的問題。但你持續觀察自己每天的生活，你的心是怎麼去看家人、朋友，你的感覺，你一直去觀察這些，會體會到原來是自己的錯誤看法使生命變得複雜糾結。你會明白自己的問題其實出在自己身上。而現在你開始學習了。你愈懂就愈會進步，就愈接近解脫。什麼都不懂，是不可能進步的。這也就是佛陀爲何說你只需要去理解，然後你就會在修行道路上進步。

如果你不明白的話，即便你學到無數個睿智的概念，但這些僅止於概念而已，你只是白白浪費生命。

## 問題2

要從禪修達成想要的結果似乎需要一定的環境。從這一點來看，像我們住在鋼筋水泥房子，環境吵雜，工作朝九晚五，平常很少或根本沒有接觸到對靈性道路有興趣的人。您認為迷幻藥，譬如LSD，對這種人會是重要或有用的嗎？

嗯，這很難說。我沒吃過那種東西。不過佛法提到藥會怎麼影響人的神經系統，以及神經系統和心的關係。我們在學佛時研究過這部份。我從學到的內容來談，我認爲吸毒與佛教的建議背道而馳。不過，從我自己的觀點來看，對全神貫注在感官世界的人來說，對內心成長的可能性一無所知，或許藥物會有幫助。怎麼說？如果有人認爲身心的實相就是血肉之軀而已，這種人或許會想：「哇！我以爲只有物質世界，但現在我知道心有可能超越身體限制，心能進步。」在有些情況，吸毒的確能開啓一個人的心，有可能讓他的心進步。不過一旦你經歷過了，還繼續吃迷幻藥就不對了，因爲由吃藥所產生的經驗並不是眞正的瞭解，也不是正確的體認。內心還是受到侷限，因爲物質本身就是有限的，高低起伏不定。另外一點，要是你吃太多藥的話會傷腦。以上只是我個人的想法。

## 問題3 我需要任何東西嗎？

我希望你需要些什麼。不，你當然需要東西，不過要你自己去看你到底需要些什麼。你的需求來自內在，不是外在。我們還是會常常說：「我需要這個。我需要那個。」然後整個生活堆積了這麼多的東西。但當我們眞正去檢視需要的原因以及程度，最後會發現——其實我們需要的東西寥寥無幾。

## 問題4

**您是說受西方教育是浪費時間嗎？**

不是，我的意思不是這樣。這要看個人。要看你是怎麼學習，不是看教育本身。怎麼學習才重要。

## 問題5

**可以請您再解釋一次我們要怎麼從內在找到答案嗎？**

把讓你如癡如醉的感官知覺休息一下，之後讓你的沉靜之心浮現。然後提出你的問題。你就會發現問題的答案，會自行從沉靜之心中出現。

## 問題6

**您是說我們要靠自己成佛嗎？**

對，我就是這個意思。

## 問題7 那為什麼我們還需要依師？

因爲我們需要有人來教我們，怎麼從自己內在找到答案，怎麼把我們的心神精力放在正確的路上，才會出現正確的答案。大多數的時間裡，正確答案就在眼前，但我們卻去其它地方尋找，往完全相反的方向尋找。

## 問題8 藏傳佛教具有什麼特色是其它佛教宗派沒有的？

首先，佛教的所有宗派基本上都是相同的，都是一種讓人心開展的方法。但對於個別而言，我們會這麼想：「我是基督徒，我是猶太教徒，我信這個宗教，我信那個宗教。」不過，我們實際上卻不知道怎麼將自己信奉的宗教付諸實踐。我們不知道方法。但是，這完全是依個人而定。另一方面，藏傳佛教和其它佛教宗派並不相違矛盾，其它宗派，例如禪宗、小乘等等。基本上，它們都是相同的。當然，我們通常只看事情的表面，所以我們的判斷流於相當膚淺。像我們去問某人：「你信什麼宗教？」他會說：「我信這個……」接著我們觀察看看對方活得開不開心。如果我們認為他過得不開心，我們就認為：「喔，他過得不開心啊，他信的宗教一定很爛。」我們的判斷就是這麼狹隘。我們應該謹慎，不要犯這種錯誤。舉例來說，今晚我已經談了很多。如果明天有人問你：「老實說，你覺得昨晚那個喇嘛說得怎麼樣？」你的回答要小心謹慎，不要回答得像你的看法是絕對的。在場每個人的想法都不同。我們是藉由狹隘的心去詮釋事情，所以會以區別分類回答：「這宗教就是這樣；那宗教就是那樣。」這種看法可能會有危險。

## 問題9

## 那您怎麼知道自己當下的想法是對或是錯？

你要謹愼觀察。不要滿足於你的表淺知覺對事情的詮釋。這就是我反覆說的重點。你的心有千萬種在運作，每一分鐘，每一天，它們都在告訴你：「這個是好的；不要，要試試這個才對；不行，可能這個才是好的……」你有許多不同的心會出現：「我想要得到這個」，過了一分鐘，卻變成：「不要，我想要那個。」你就會很困惑。你要去觀察，而不是當你內心喜歡上什麼的那個剎那，馬上就攀著它。你精神分裂的心每分鐘都在改變想法。不同的想法一直衝到你的內心。每一個都產生強大的刺激，所以你立刻就攀住它了。這就是你會出問題的原因。所以在念頭出現的當下，不要馬上脫口而出：「喔！太讚了！」而是要往後退一步，觀察這個念頭。去察看爲什麼會有這個念頭，還有它是怎麼樣。

## 問題10 要怎麼察看自己的念頭？

要深切；要運用智慧。察看念頭不是像機場海關檢查那樣，那種太表面了。察看內心是以探察的智慧，看透一切現象的核心。智慧所見遠遠超過形狀和顏色。

## 問題11 您認為只要去察看內心，就能得到任何問題的答案嗎？

要是你夠有智慧的話，當然可以。但當你這麼做的同時，你得要確定你所找到的答案符合問題。這要依照問題的性質而定，不是光看答案本身。即便方法是對的，你還是要等到合適的時間點來採取行動。時間點非常重要。要是你變得情緒化，「哎，有這麼多的人，有這麼多的問題要解決。」然後你開著車，橫衝直撞地要去幫所有人，到最後反而會衍生更多的問題，還會精神崩潰。

## 問題12
## 佛的心識是怎麼消失不見的？

佛的心識沒有消失不見，佛的心識會消失到哪兒去？佛的心識怎麼會消失？佛沒有失去任何東西。

## 問題13
## 但我們現在的情況不就是失去了曾經有過的成佛果位嗎？

不是，那是一種誤解。你一旦成佛就不會再退轉。你會完全處在永恆自在。成佛不像吸毒會上上下下。當藥效退了，你就會往下掉。成佛不像這樣。成佛是完全不會被毀壞的，而是永恆的樂。

## 問題14

### 我身兼工作跟家庭的責任，我覺得很難一直修行。

很多人都像你這樣。外在的環境條件讓修行變得困難。我們自己幼小心靈很容易受環境影響。混亂的環境會干擾內心。你可以自己觀察不同的情況對你的內心會有什麼影響。但當我們獲得解脫，或者內心自由時，我們就能超越外在環境條件。當我們已經能超越被制約化的心，不論我們在哪裡，外在環境就沒有辦法影響我們了。我們就完全能掌控了，因爲我們能瞭解內心以及環境的實相。在此之前，外在環境的力量比我們的內心還強大，所以我們很容易受環境左右。

## 問題15

### 要是有人認為自己有辦法找到解決問題的好答案，那禪修對他有什麼益處？

如果有人認爲自己不需要禪修，就能夠找到解決問題的答案，可能他在妄想吧。我開玩笑的。你提到一個非常重要的問題。你要明白禪修是什麼意思。禪修不是只坐在角落，什麼都不做。禪修是要運用你的思考智慧，而且你並不滿足於只是表淺的感官知覺。禪修的意思是超越表淺的見解。這就是所謂的禪修。所以，如果某人在還沒獲得透澈的智慧讓他明白實相的自性，以及他整個知覺都是妄念之前，就不可能眞正解決任何問題。他或許會認爲自己有解答，但他是在作夢。

## 問題16

## 生命源自受精嗎？

對，生命源自受精。從你還沒離開母親子宮之前，甚至當你還是幾個胚胎細胞時，你的心識就已經在了。當然，因爲我們的心是這麼有侷限性，所以對我們來說，很難回憶得起來。但我們的心及身體，從受精那一刻就連結了，這是事實。

## 問題17 控制情緒最好的方法是什麼？

就像我一直在說的，你要運用沉靜之心。當你發現有一股強烈的情緒生起時，不要忙、忙、忙，不要緊張地做事，放鬆，盡量沉靜。要做到這一點有很多方法可以派上用場。不要讓你心中的情緒狂野奔馳，怎麼樣也忘不了困擾你的東西。坐下，放鬆，然後把心專注在呼吸的氣息，好好地去看你在吸氣時，空氣怎麼進入你的神經系統，呼氣時空氣又怎麼從神經系統出去。這很簡單。當你專注呼吸時，你自然會冷靜下來。這是生活上的經驗，與宗教信仰無關。你在觀察自己的本性。只要你活著就在呼吸。

所以，就全心專注在呼吸的吸氣與吐氣上，以及你在呼吸過程的感覺。如果你能做到這一點，你的情緒自然會緩和下來，而你對情緒的偏執也會消失。這非常簡單也很實際。我保證，要是你好好看自己的呼吸二十一遍，你緊張的情緒就會消失。我不是隨便亂說或誇大。這是人的經驗。你不必屬於任何宗教團體，就能夠享受這個方法帶來的益處。

## 問題18
## 灌頂過程會發生什麼事？

理想上，上師和弟子的心會融合爲同一層次。另外，不一定要在上師面前受灌頂不可，假如你能夠把自己的心提升到某種程度，你可以自灌。這是可能的。

如果沒有其它問題，就到此爲止。非常謝謝大家，謝謝。

耶喜喇嘛與梭巴仁波切, 1975

# 4

# 態度比行爲重要

如果你具備正確的理解，
也有正確的態度，然後走上對的道路，
毫無疑問，你能徹底解決所有的心理困擾。

神智學會（Theosophical Society），雪梨阿達亞戲院

一九七五年四月七日

## 具備正確的理解

現今儘管很多人瞭解物質享受的限制，也有興趣追尋精神道路，卻很少人打從心中欣賞學佛的眞正價值。對大部分人來說，學佛、宗教、打坐，瑜珈，不管他們怎麼稱呼，都還是流於表面，他們只是改變穿的、吃的、走路姿態等等。這些與學佛毫無關係。

你在學佛之前必須要先深入地檢查自己爲什麼這麼做。你得要完全清楚自己想要解決什麼問題。就因爲朋友信仰宗教或禪修，你就跟著做，這個理由不夠好。

宗教改信並不像染布，像馬上把白的東西變成紅的。心靈生活是關於內心，不是身體，要修行得要改變內心態度。如果你拿處理物質東西的方式來對待自己的心靈修行，你永遠生不起智慧，那只是裝模作樣罷了。

你出遠門之前得先仔細研究地圖做規劃，否則你會迷路。同樣的，盲從任何宗教也是非常危險的。事實上，在心靈道路上犯的錯，比在物質世界犯的錯要更嚴重多了。要是你不明白走向解脫的道路本性，你所做的修行不正確，不只不會進步，還會適得其反。

因此，你在學佛之前必須先知道自己的起點，你目前的狀況，你的身體、話語及內心的特點。然後你就能知道學佛的必要性，學佛的邏輯理由。你從自身的經驗就能更清楚地看見修行的目標。如果你冒然去修，卻不清楚自己在做什麼及要朝向何處，你怎麼能知道自己走在正確的道路上？要是你走錯了，你要怎麼知道？盲目去做是錯的，想著：「嗯，反正我就去做，看以後會怎麼樣。」這是自招災難。

## 動機比行為更重要

佛教比較不在意你做了哪些事，而是在意你做的原因——你的動機。

**行為背後的心理態度比行為本身更重要**。你表現在外可能讓別人覺得你謙卑、虔誠修行、眞誠的樣子，但如果你的內在是受到不清淨心所推動，如果你做的事是出自對於道路本性的無知，你所謂的精進一切只是徒勞無功，徹底虛擲時間。

你常表現出一副看起來很虔誠修行，但當你察看自己的動機，在這些表相之下的心理態度，你會發現它們和它們表現在外是相反的。假若不察看，你永遠都沒辦法確定你做的是不是佛法。

你可能每週日上教堂或每週去佛學會，但這些算不算如法呢？這是你必須去察看的。你要往內看，確定是哪一種心讓自己有動機去做這些事。

許多國家有自身的歷史宗教文化，但假若你認爲只要依照這些風俗習慣，就能讓自己的行爲符合宗教精神的話，那是誤解。首先，什麼是文化？什麼是風俗習慣？社會習俗和普世智慧八竿子打不著。再者從個人的層次來看，你來自東方或西方都沒關係，你的社會在飲食、睡覺，以及其它世間活動的各種傳統跟宗教毫無關係。

假若你認爲它們有關，你的理解眞的很落後。我不是指你的宗教落後；我的意思是你對自己宗教的認識是落後的，不管你是佛教徒、印度教徒，基督教徒或任何宗教教徒，你對自己的宗教所抱持的見解錯得離譜。假若你上教堂或去寺廟單純是風俗習慣：「每個人都去，所以我也去。」這種想法很傻又沒邏輯。一點意義都沒有。你不知道自己在做什麼或者爲什麼而做。

假如你要學佛，禪修，追隨心靈道路，做的同時要明白其中意涵。要是你不明白自己在做什麼或爲什麼而做，就不要做。

舉例來說，佛陀當初制出家人行儀的戒時就說過：「如果你剃度出家爲僧爲尼的動機只是爲了要獲得飲食、衣服，以及住所，你就不能出家。」根據佛陀這段話，想想自己成爲所屬宗教一份子的理由是什麼。

## 察看信仰的眞諦

我們常常信仰宗教是爲了名聲或舒服這些暫時的理由，或者是因爲「我喜歡它們的想法」，你怎麼知道自己喜歡它們的想法呢？你喜歡的這些想法是關於什麼？你可曾眞正察看過這些想法嗎？你有察看過這些想法合適你的每天生活嗎？它們能讓你獲得靈性的體悟，以及永恆的平和心嗎？或者它們只是聽起很好？「我喜歡它們的想法，它們聽起來很好。」這些想法是怎麼好？你必須要去察看。

我們攀執的、膚淺的心永遠往外看。我們從不去看看我們聽到的想法該怎麼對應每天生活。這就是爲什麼人、理論及宗教修行，兩者之間一直有極大落差。如此來看，修行那條道路的目的是什麼？一點用處也沒有！因爲我們的自我還是緊陷在物質主義的旅途中。有些人加入心靈團體是因爲「這樣過得好悠哉，有人會給我好吃的，我不用工作了。」那樣的心太狹隘了。還是有很多人的想法就像這樣。我不是批評誰，我只是說一般的情況。這是個簡單的例子。你在每個宗教都會看到這種人。

因此，你決定修持任何宗教時，就必須知道爲什麼。宗教修持不只是學習教義而已，你還要以自己的心來察看，「爲什麼我會接受這宗教的想法？」你要去察看這個問題。否則，縱然你能廣博精深研讀你的宗教哲學，你腦中充滿了美妙的想法，但是你仍不知該怎麼把這些想法連結到自己的生活。**這完全了誤解宗教的目的**。

如果你認爲宗教修持只是在學習新的想法，你倒不如去含一顆糖。至少你會有些微的滿足感，因爲能暫時解渴。假若你經年累月只是學習新的想法，蒐集資料，你是在浪費時間。一切都會變成垃圾。我不是在批評宗教，我批評的是你落後的心。

現在你可能正想著：「這個從西藏來的喇嘛。他才是落後的，他一定在開玩笑，居然說我落後。」嗯，或許你們在二十世紀的現代生活有很高的能力，但是從修行心理學的角度來看，或許你們眞的是落後的。這有可能。在工業化社會要對佛法有切身體驗是很困難的。世俗東西的物質影響力太強大了。

## 修行是解決自心困擾

從你開始踏上自己的心靈旅程至今，有可能還在原地踏步，連修行的邊都沾不上。你檢查一下。如果你的心靈旅程一直以來只是執取知識想法，你一點進步也沒有，即便你自稱是某某宗教的追隨者，但你根本不算。要是你眞的自稱是宗教追隨者，你要察看爲什麼自己會這麼說。

看看不同人對於宗教修行到底是什麼的想法會很有意思。每個人都有自己的看法。不會有一致的共識。人的心是侷限的，所以對宗教的看法及價值也是侷限的。因此有人就說：「這個宗教是狂熱的，這個教是那樣，那個教是這樣……」你不能這樣說。**這不是宗教的問題，而是信徒的看法**。

當我們說：「這個教已經墮落了」，這句話的真正意思是我們墮落了，我們缺乏智慧。我們說：「這個教以前是這樣子，現在卻墮落了。」但墮落的是我們。不能說那個教墮落，宗教是智慧，智慧怎麼會墮落呢？

但你還是會繼續說：「我信宗教，我禪修，我做這個，我做那個，我祈求，我看佛書。」任何人都可以說：「我修這個，我修那個。」但你說你做的這些如何和你的心有關？這一點你要好好地檢查。你的修行有解決自己的內心困擾，也帶給你美好的體悟及普世智慧嗎？如果你的答案是肯定的，那就沒問題。

有一點很奇怪但卻是眞的，就是常常我們一旦接受了某個宗教觀點，我們整個就變得狂熱：「這是唯一的路，所有其它道路都是錯的。」不過，這不表示我們的宗教是狂熱的；這只是表示我們變成宗教狂。我們內心封閉了，我們能見到的一切是自己狹隘的觀點。所以，我們說：「這個是那樣。」但即便在佛教裡也有許多不同方式來修行。宗教修行是相當個人的。

實際上，從西方一般認爲何謂宗教的理解來看，佛教不被當成宗教。很多人對於何謂宗教有相當既定的看法，根據這些看法，佛教不符合宗教範疇。當然，佛教具有其宗教面，但佛教同時也有哲學、心理、科學、邏輯等許多不同特色。還有，佛陀根據眾多弟子的不同根器，傳授許多深淺不一的教法。佛陀親自說過，有時他說的教法似乎有衝突。「我告訴有些弟子『是這樣』；我和其他弟子則說『是那樣』。這要看每個人需要的是什麼。所以我從來不想要我的弟子說：『佛這麼說的，所以這是正確的。』那完全是錯的。」

你要檢查。你有責任去瞭解某件事是對的還是錯的。你不能只是說：「佛有說過，神有說過，所以這一點是眞實的。」佛陀在這一點已經說得很清楚。

佛陀解釋：「我對同樣的東西有不同的教導，是因爲人的心不一樣。

由於單單一種解釋無法適合所有人，所以我會以循次漸進的，有系統的次序來教授。」例如，佛陀教導利根的弟子無我，佛陀對於較鈍根弟子則說有我。爲什麼佛陀會說出相互矛盾的教授呢？這是爲了避免初學者走到斷邊。日後等到他們準備好，佛陀也會教導他們其實並沒有常、自性有的我。

總而言之，佛陀會根據個別心理來教授。對於佛陀每次的教導，我們都應該親自去體會。如果你看佛教在不同國家的修行方式，會發現每個都有它獨特的修行方式，但你不能從單一群體做的修行來評斷整個佛教。例如，藏傳佛教徒通常會供許多香和酥油燈。你只看這一點的話，或許會以爲這些是佛教的主要修行，不供這些東西就無法修行。但西藏的偉大瑜伽士密勒日巴尊者，住在山裡時既沒吃的也沒穿的，更別說香和酥油茶了，但尊者當然能修行。

所以，宗教修持的方法並不是看風俗習慣或透過表面的改變，而是完全關乎你的內心態度。

## 內心態度是決勝點

有個西藏故事就顯示出這一點。以前有位聞名遐邇的瑜伽士仲敦巴尊者，看見有位男子正在繞塔，仲敦巴尊者便對他說：「繞塔非常好，但要是你好好修持佛法的話，豈不更好嗎？」然後就走開了。

這位男子有點困惑，他想：「可能他的意思是繞塔對我來說是太簡單的修行，我應該讀經論比較好。」

過了一些時候，仲敦巴尊者看到這位男子專心讀經論，便對他說：「讀經論很好，但要是你好好修持佛法的話，豈不更好嗎？」然後又走開了。

這位男子更困惑了，他想：「什麼？又來了？一定是我有什麼問題。」所以他四處問別人：「瑜伽士仲敦巴尊者都怎麼修？」後來他發現了，「他做的是禪修，他的意思一定是我應該禪修。」

又過了一些時候，仲敦巴尊者再度遇見他，然後問他：「你最近都在做些什麼？」這位男子回道：「我最近一直在禪修。」

接著仲敦巴尊者對他說：「禪修很好，但要是你好好修持佛法的話，豈不更好嗎？」

這下子這位男子氣急敗壞，回嗆：「修法！修法！你說修法到底是什麼意思？」

偉大的瑜伽士仲敦巴尊者回道：「**你的心要遠離對世俗生活的貪著。**」

你可以繞聖物、上教堂、去寺院廟宇、坐在角落禪修，什麼事情都不做，但仲敦巴尊者說的是，如果你不改變自己的內心態度，你貪著、攀取感官對境的舊習慣，不管你做什麼，你內心不會平靜，你所修的法徒勞無功。要是你不改變內心，不管你的外在行爲有多少改變，你在心靈道路上永遠沒辦法進步，擾亂你內心的原因會留在你心中。

現在有許多人對禪修有興趣，當然，也有很多人從禪修得到益處。但如果你不改變你內心的基本煩惱本性，卻只是傲慢地想：「我在禪修。」這樣你的禪修永遠會有問題。不要以爲你不管怎麼修，禪修都是對的。禪修要看個人，禪修對你是否有幫助，取決在你對禪修的瞭解以及你修持的方式。

不過，除了只知道理論、純粹想法之外，你在修行的道路上，把知道的內容盡量在日常生活中眞心實踐，學佛，宗教，禪修或無論你想怎麼稱乎它，都會極度有用，也會很有力量。反之，如果你知道了一些固著的看法，它們卻和實相毫無關係，而你卻說：「這是宗教」，你會盡全力衝向相反的方向，你內心還是受到「我是這個，我是那個」這些看法所污染。你一定要察看。這種情況是相當危險的。

因此，佛陀曾說過，內心軟弱的人缺少面對生命的信心，而轉向執取宗教，使得自己生活比較好過的，沒有資格出家。佛陀對於這一點說得非常清楚。佛陀直接指向內心。這對我們也一樣，要是我們爲了糊口飯吃、自己有好名聲，或爲找其它物質上的好處而加入宗教團體，我們就在作夢，這樣完全不切實際。這麼做不可能會有感到滿足的一天。要是我們懷著這種低劣的，修行上落後的心，我們永遠不可能解決自己的問題，或者獲得增上的證悟，不可能的。

## 宗教帶來內在平靜

因此，就像我一開始就說，佛教不在意你做哪些事情，或者你的外在層面，佛教在意的是你的內心狀態。你的行爲成爲內在證悟及解脫的道路，或是苦和煩惱的因，決定於你的心理態度。

佛陀說：「不要對我的教理及學說產生執著。執著任何宗教，只不過是另一種形式的心理疾病。」

在這世上，我們到處看到人們以宗教之名互相爭鬥、發動戰爭、佔領土地、互相殘殺。所有這種行爲是徹底誤解的。宗教不是土地，宗教不是財產。人實在太愚昧了。這種行爲怎麼可能有幫助？宗教應該能帶來人內在和平以及比較好的生活，但人們拿宗教去製造的只有更多混亂和瞋心。這些和任何宗教，不只是佛教，都沒有絲毫關係。

學佛是一種能讓你完全捨棄執著的方法。但要小心，你或許會說：

「我對物質發展一點興趣也沒有，那是錯的。」接下來你卻把對物質的追求欲望美化到宗教上。你沒有拔除深植的執著，反而把它導向成比較能讓人接受的事情上。但它還是老調重彈。你知道財富沒辦法帶給你快樂，你轉而攀在宗教上。然後，當有人對你說：「你信的宗教是垃圾。」你就抓狂了。

還有另一個西藏故事，顯示出理智上的了知與根深蒂固的習性兩者之間沒有結合。有位僧人問他的朋友：「你最近都在做些什麼？」對方回道：「我最近一直在修安忍。」

然後這位僧人說：「這樣啊，你這個修安忍的大修行者，去吃屎吧！」

他的朋友一聽就氣壞了，怒氣沖沖地反駁：「你自己吃屎啦！」

這個故事說出了我們是什麼樣子。觀修安忍應該要能止住怒氣，但當那位僧人考驗他的朋友時，對方稍微被激就勃然大怒，表示他沒有把安忍與內心結合，那修安忍有什麼意義？就像你花一輩子時間做厚衣，做了一件又一件，有一天你出門卻遇到暴風雪而凍死了。這類的例子很常見。我們也都聽過有百萬富翁餓死。因此，在上個故事，那位修行者投入全部心力修行，目的是為了要從瞋心和貪著裡解脫，但當他面對現實生活的情境時，卻無法控制內心。

要是你帶著理解、真心誠意地修持宗教，你就會完全自由；之後當你面臨到困境時，就不會被困住。有這種經驗就表示你達成了目標；代表你真正把你的智慧付諸實踐。

## 找到適合自己當下狀況的方式

當我們覺得快樂，表面上的快樂時，我們會興高采烈地談宗教，「這超棒的，非常好，等等等」我們非常熱切地聊所有想法，但一旦碰到倒楣不幸的事，一旦遇到困難時，卻什麼都沒有。我們的心一片空白：不明白，沒智慧，沒辦法控制，這種經驗顯示我們對於宗教、佛教、佛法、禪修，不管叫什麼，我們對它們的瞭解有多麼落後。

如果你具備正確的理解，也有正確的態度，然後走上對的道路，毫無疑問，你能徹底解決所有的心理困擾。因此，如果你想當一位真正的宗教修行者，一位恰如其分的禪修者，與其帶著被理論、想法污染的心而妄想，不如努力使你的理解能清楚，切確、實際，並且漸漸地在解脫道路上實踐。要是你這麼做，有朝一日一定會獲得證量。

如果有位飢腸轆轆的人突然間猛塞豐盛大餐，他的胃會休克，這麼做不但沒好處，只會自找死路。他沒注意到在當時什麼樣的決定是最好，而是僅僅接受「豐盛大餐對人有好處」這種看法，然後他拼命吃最頂級的食物。「食物是有益的」這個看法，並不等於食物對你是好的，這要看個別狀況。

類似的道理，在你開始修各種心靈修行之前，你要先看看什麼適合自己當下的狀態。你要覺察到自己的心理困擾與生活風格，檢視現有的許多方法，再根據你近來的情況，以及當時最適合自己的方法來做出清楚的決定。你在進行任何修持之前，要察看它是否眞正適合你。

修行本身沒有優劣之別，對某個人是非常好的方法，對另外一個人可能是毒藥。某個方法在理論上是很了不起，但一旦接觸到你的神經系統，你的身體、語言和內心，它反而會變成毒。

如果你明白自己的心，你一定能把它放在正確的空間，然後掌控它。有了這份瞭解，要做到就很簡單。但要是你不明白關鍵之處，也強求不來。掌控力必須是自然而爲的，沒有速成的內心掌控力這種事。

因此，我的結論是，正確的內心態度遠比行爲更重要。不要把你物質生活那一套帶進學佛。那行不通。你禪修之前要察看及調整自己的動機。

如果你這麼做，你的禪修過程會變得容易多了，而且更有價值意義。再來，你就會從正確的行爲獲得證量，你用不著渴求證量，執著「啊！要是我修這個，我就能獲得什麼神奇的證量嗎？」你不需要期待，自然會有證量。

**一旦你把心定在正確的路，證量自然會生起。**

## 宗教與生活並行

如果有人對你說：「你信的教不好。」你就憤怒地攻擊對方，你也不要執著自己的信仰到這種程度。那完全不切實際。宗教的目的是在使你的心，從煩惱的、無法受控制的狀態中得到自由。所以要是有人說你信的宗教不好，你爲什麼要生氣？你應該盡量放下那種心。當你釋放了愚矇心，內心寧靜、證量、涅槃、神、佛法僧，不管你怎麼說，有各種許多的名字來形容。這些都會水到渠成，這是自然就會有。

有些人會想：「我愛宗教，宗教有好多好多很令人讚嘆的想法。」你雖然愛宗教的理念，但要是你從來沒有把宗教的教義連到你的內心，從未付諸實踐，那有什麼用？你倒不如知道少一點。你知道了太多教義，內心產生衝突，只會讓你頭疼而已。如果你只是有興趣知道宗教想法，要是你懸念的宗教教義在天涯，而你過的生活在海角，在你的身語意與偉大的宗教理念之間，就會有天差地遠的懸殊落差，由於落差，這兩者開始讓你覺得煩：「啊！我現在發現宗教沒那麼好。我頭好痛，我當初以爲宗教很棒，但現在它卻帶給我更多的麻煩。」你只會抱怨。但問題是源於你。你沒把宗教與生活並行，反而製造兩者的分裂。

這也就是為何佛陀說二元心是負面的。它一向只會擾亂內心，它使你與自己鬥爭。超越二元心則成為佛心，究竟智慧、絕對心識、圓滿平和、普世意識，有很多的名稱。

你看得到二元心在自己日常生活是怎麼回事。每次你看到某個你喜歡的東西，你就自動會開始到處看看有沒有更好的選擇。你的內心總有衝突：「這個好，不過那個呢？」廣告業就是建立在利用這種全人類具有的自然傾向；物質發展的世界一直成倍數攀升，就是因為心永遠和另一個心競爭。

不過，今天要講的就是這些了。如果有任何問題，請發問。

# 問與答

## 問題1

**我在察看時，我發現有東西來自如貪心或害怕這些情緒，但我能怎麼辦呢？我知道它們從何處來，但它們就一直來。我該怎麼做？**

你的問題很好。重點在於你發現的是表面情緒，但你並沒有發現這些情緒是源自何處，沒看見引起這些情緒出現的能量。你沒看見情緒最深的來源。就好像你看見一朵花但卻看不見根部。你說你知道那些情緒從何而來，但你其實一無所知。如果你眞的瞭解問題的根源，這些問題就會自行消失。

不過，當你處在剛剛你描述那種內心苦惱的狀態時，不要纏繞在你的感覺上，而專注在煩惱心怎麼出現。要是你以內省智慧好好觀察，你原本那些煩惱會自行消失。你不用強逼煩惱離開。只要觀察煩惱。要用智慧還有放輕鬆。你的問題很好，有很多人也有那種經驗。你在面對時，少去關注表面情緒、還有可能促發它的任何感官對境；反而要深入內心，確定究竟是什麼讓這些情緒生起。

# 5

# 禪修入門

你必須要認識自己的心理現象。它們是你的一部份。
你必須知道自己是誰，自己的本性。
佛陀從來沒強調過：「你必須要認識佛。」
佛陀強調的是：「你必須要認識自己。」

雪梨安札克之家（Anzac House）
一九七五年四月八日

# 禪修調伏自心

地球自從有人類以來，人類就千方百計要過得快樂，享受生活。這段時間以來，人類在追求這些目標上已經發展出驚人的各種方法。這些方法包括不同的興趣、職業、科技及宗教。小自製造最小的糖果，大至最精密複雜的太空船，基本動機都是想得到快樂，人類做事不會沒有目的，我們都很熟悉人類歷史的發展，其底蘊是持續追求快樂。

不過，不管你在物質發展多麼進步，你永遠找不到永恆的快樂及滿足。不可能的。佛教哲學對這一點說得相當清楚。佛陀直接了當地說出這一點。不可能單從物質能找到快樂及滿足。

佛陀開示這一點時，不像知識懷疑論者那樣只是搬出某套理論。他是從親身經驗而知道的。他什麼都試過了：「這個可能會讓我快樂；那個可能會讓我快樂；另外那個或許會讓我快樂。」他什麼都試過了，最後得出了結論，然後概述他的思想。他的教法沒有一個是枯燥的、知識的理論。

當然，我們都知道現代科技的進步能治好身體疾病，例如骨頭斷了、身體疼痛。佛陀不會說這些方式很荒謬，我們用不著看醫生或吃藥。佛陀從來沒有這麼極端。

不過，我們任何的感覺，痛苦或愉悅，都是很短暫的。我們從自己的經驗就能知道。這不是理論而已。打從我們出生開始，我們已經體會到身體狀況的起起伏伏。我們有時虛弱無力；我們有時則健壯。身體狀況一直在改變。現代藥物當然能幫助解決身體的問題，但它永遠不能治療不滿足、散漫的心。目前還沒有藥物能帶來滿足感。

## 瞭解內在現象

身體在本性上是無常的，短暫的，不可能永恆。因此，試圖以某個會一直改變的東西來餵養欲望，以及讓不知滿足的內心變得滿足，這麼做是沒指望、不可能的。不可能經由物質方式來滿足不受控制的，散漫的心。

爲了要達到這個目標，我們就要禪修。禪修對於失控的、散漫的心是一帖良藥。禪修是通往完美滿足的道路。失控心的本性就是有病的。不知足的心是種心理疾病。什麼是正確的解藥？就是智慧、明瞭心理現象的本性、以及知道內心世界如何運作。很多人瞭解機器怎麼運作，但他們對於內心卻一無所知；極少數人明白自己的內心世界怎麼運作。智慧就是能帶來這種理解的藥物。

每個宗教都提倡不偷、不說謊等等道德。基本上，大多數宗教都努力帶領其信徒獲得永恆的滿足。佛教徒以什麼方法來停止不受控制的行爲呢？佛教不只是告訴你負面行爲是不好的；佛教會解釋你的負面行爲對你會如何不好，以及為什麼不好。只告訴你某個東西不好，阻止不了你去做。它只是個概念。你得把那些概念付諸實踐。

你要怎實踐宗教概念呢？要是沒有方法落實概念，不明白內心是怎麼運作的話，你可能會想：「做這些事是不好的，我好差勁。」但你還是控制不了自己，你無法阻止自己做負面的行為。你光說：「我想掌控我的心。」是掌控不住心的。那是天方夜譚。但在實踐概念上，有個有效心理方法就是禪修。

宗教最重要的部分並不在於理論或好的概念。它們不會帶給你的生命太多的改變。你必須要知道怎麼把它們連結到你的生命，怎麼把它們付諸實踐。其中關鍵在於智慧。有了智慧，改變就輕而易舉；你不需要去硬擠、硬推或給自己打氣。散慢的、不受控制的心是自然而然的；所以，它的解藥、掌控也應該如此。

就像我提到過，如果你生活在工業化的社會，你知道機器如何運作。但如果你試圖把這套知識運用在你的精神修行，在你的內心及行爲做出激烈的改變，你就惹上麻煩了。你沒辦法可以像快速改變物質那樣地改變內心。

你在禪修時是以透析的伺察力深入自己內在的本性，以瞭解自己內在世界的現象。藉著逐漸增進你的禪修技巧，你對自己內心是怎麼運作也會愈來愈熟悉，像是不滿足心的本性等等，你就能開始解決你自身的問題。

例如，光是保持家裡乾淨整齊，你就要讓自己的行爲有某種程度的紀律。同樣地，既然不滿足心其本性是雜亂無序的，你就需要某種程度地瞭解它，使它變得有紀律，整頓清理它一番。這時禪修就會派上用場。它幫助你明白自己的心，讓心有條有理。

## 培養專注力與觀察修

但禪修不是光坐在某個角落，什麼也不做。禪修有兩種，觀察修及止修。觀察修意味著心理上的自我觀察，止修則是增進專心一致的專注力。

你可能要說：「專注力？我根本沒辦法專心。」那不是事實。沒有專注力的話，你連一天都過不下去；你連車都開不了。每個人內心至少都有淺淺程度的專注力。只是提升專注力到無限的潛力，則需要透過大量禪修。因此我們都要在自己既有的專注力上來努力。

當然，就在你的心失控了，就在你發怒或被其它情緒淹沒時，你本來僅有的一絲專注力會消失殆盡，不過，一心專注不是你內在缺乏的。它並不是不可能獲得、摸不到邊、遠在天邊，與你一點關連都沒有。你不需要走很長一段路才能獲得專注力。它不像那樣。你本來就已經有些專注力了，只是需要提升它而已。接著你就能清理你那混亂的、二元的心。二元心不是融合的，只要二元心一直在，它的本性就是不滿足的，而且即便你自認身心健康，事實上你的心是病的。

我們傾向以十分膚淺的方式來詮釋不滿足。我們會隨口說：「我一直都不滿足。」但我們其實不瞭解不滿足是什麼，或者它有多麼地深入。有人認爲：「你之所以不滿足是因爲你沒喝夠母奶。」我們就想：「啊，對啊，或許是這個原因。」這類對心理問題的解釋簡直錯得離譜。完全誤解了。另外，不滿足感不只與生俱來，不只是來自內在，也會來自於思想或學說。

不論不滿足從何而來，它是很深的心理問題，而且你不見得意識得到。你認爲自己健康，但爲什麼在你的生活發生雞毛蒜皮的改變，你就整個抓狂了？這是因爲你的問題癥結深埋在你的潛意識。你不是沒問題，你只是沒覺知到你的內心到底怎麼了。處在這樣的情況下是相當危險的。

觀察修是去察看自己的心，並不需要具有強烈的虔敬心。你不需要去相信任何東西。你就是去做，然後用自己的心去體會。它是相當科學的歷程。佛陀教導過所有人都有可能證得相同層次的見地，這是就修行證量來講，不是指物質方面，而是內在。透過禪修，我們全都能證得內心的究竟本性來達到相同目標。

## 禪修讓你明白實相

我們常看到有人對其他外國人或其它宗教心生害怕，這些人心懷疑慮，沒安全感：「我不太放心這個人。」這是因爲我們彼此不瞭解。如果我們眞正瞭解彼此，相互溝通，我們的害怕就會消失。我們對其它宗教教義，以及它們怎麼影響人類發展的瞭解是很有限的，因此我們與其它宗教信徒互動時，會覺得沒有安全感。

對於一間大餐廳有琳瑯滿目的菜單，我們並不會覺得怎麼樣。不同人喜歡的食物也不盡相同，大家都是爲了想要享受人生，想要滿足。宗教方面也是一樣的道理。不同人的心適合的道路必然會不一樣。如果你明白這一點，你與其它宗教修行者相處就不會覺得不自在。你會接納他們。

我們的問題就在於我們不接納自己的樣子，而且我們也不接納別人的樣子。我們由於不明白實相的本性，所以我們希望對方是另一個樣子，不是現在的樣子。我們的膚淺見地、僵化看法及錯誤想法，使我們看不見我們是什麼，以及如何存在的事實。

透過禪修，你會發現連身體、行爲和語言都不受控制地被心推動著。這個發現會使你對於自己的所有舉動產生自然的掌控。你只需瞭解自己的心理衝動，就能變成自己的心理治療師。然後你就不用像個嬰孩般跑到別人面前：「我這樣可以嗎？你覺得我這樣沒問題嗎？」每一次都問別人自己是否沒問題是很幼稚的。這讓你的一輩子變得像嬰兒，你永遠沒安全感。必須依賴別人告訴你，你是沒問題的，只會讓你的日子更不好過。反正，你有一半時間都不信別人說的話，所以何必這樣呢？這全成爲荒謬的笑話。

你應該要認識自己生命的每一面。你的生命會比較完整，並且你也能把事情看得更清楚。片面的生活看法只會讓你沒安全感。

有許多種心理衝動驅使你做出行爲。有些是好的，有些則是不好的。與其就這麼任憑被你的衝動指揮，不如後退一步，問：「爲什麼？」

例如，你頭痛時與其問自己：「這頭痛是什麼？」不如問：「為什麼我會頭痛？它是從哪兒來的？」去探究頭痛的來源比單單只是知道頭痛是什麼還更有意思。有時僅僅明白頭痛的源頭，頭就不痛了。只是疑惑頭痛是什麼，不可能有所明白。你所見全是表面的感覺，不是頭痛的來歷或是深度的根源。

人有時會想：「我一天天變老。心怎麼可能成長？」要是你認為心像身體那樣變老和衰壞，你錯了。心和身體運作和成長的方式是不同的。

## 生命充滿無常

禪修不見得是某種神聖的活動。你在禪修時，不用一定得想像空中有神聖的東西。你只要檢視從你出生到現在為止的生命，看看你走了什麼樣的旅程，以及哪種心理衝動一直推著你，這就是禪修。觀察你的心比看電視有意思多了。你一旦曾看過自己的心，你就會發現電視枯燥乏味。仔細瞧瞧自己從出生到現在，到底在做什麼，不是著重身體行為，而是驅使你做那些行為的心理衝動，這麼做很有意思，而且它是你怎麼去熟悉內在世界運作的方法。

以自身的智慧分析你的心，會讓你心理健康。這是你如何發現享受不需依賴巧克力。你沒有巧克力，還是可以快樂及滿足。通常你傾向相信：「只要我有巧克力，我就會開心。沒有巧克力，我就開心不起來。」你把這種來自執著的認定，變成你自己的人生哲學。然後當巧克力不見了，你就緊張：「喔，現在我不開心。」但並不是沒有巧克力讓你不開心，而是你的固有想法。你的心就是這樣子耍弄你，讓你相信你的快樂要依賴外物。你的心理衝動讓你得心理疾病。人有思鄉病，是不是？嗯，這裡有一種新病：巧克力病。我希望大家懂我的話。

當然，這只是我們的心怎麼會有這種固有想法的一個例子。我們終其一生就是這麼樣固著於千千萬萬的想法上：「要是我有了這個，我就會快樂；要是我有了那個，我就會快樂。要是我得不到這個，我就快樂不起來；要是我得不到那個，我就快樂不起來。」我們固著這個，我們固著那個，但生命持續在改變，像自動錶般地轉動著。你僅僅透過觀察就能看見無常。

固著的想法使我們不穩；它們讓我們的心變得不舒服、煩躁，以及分裂。根據佛陀所說，深信物質，想著：「只有這個能讓我快樂。」完全是妄想。

一旦你瞭解自己與巧克力的關係，就會知道它是無常的。巧克力來，巧克力去，巧克力不見。那是自然的。當你瞭解這樣是自然的，你就沒有害怕。否則，你對巧克力的貪著，就是排斥自然法則。你怎麼能違抗世界呢？「我想永遠凍齡在16歲。」不論你多麼想讓事情保持一樣，你是在緣木求魚。這是徹底的誤解。從佛教徒的角度來看，你在作夢。無論你有宗教信仰或排斥它，你就是在作夢。

## 禪修增長智慧

如果你心理傾向把想法具體化，你就是信者。即使你自豪地說：「我是懷疑論者。我什麼都不信。」這不是事實。檢查一下：你就是信什麼。只消兩三個問題就能證明這一點。你認爲某些東西是好的嗎？你認爲有些東西是差的嗎？你理所當然會。這些就是「信」。否則，什麼是信呢？

「信」就是你以自己的邏輯創造的東西，無關它對或錯。大家都有某個理由去想，「這好；那不好。」就算完全沒道理，對於某些人來說，這樣已經是充足的理由來下結論：「哇！我喜歡那個。」因爲這個，因爲那個，這些人會想：「是的。」那就是固著的想法；那是信。

我並非只是嘲諷。這是我的切身經驗。我之前就碰過很多好疑的西方人，並且確認了。他們在理智上會說：「我什麼都不信。」但問他們幾個問題，你馬上就揭露出他們內在信的可多了。這是實在的經驗，不是什麼抽象哲學。

不過，禪修的功能就是重新整合分裂的心，讓碎裂的心完整。禪修爲不滿足的心帶來滿足，並且粉碎認爲「快樂是僅僅依賴外在情況」的想法或信念。

知道這點是很重要的。軟弱的人無法面對問題。禪修是一種能幫你變得強壯到足以面對自己的問題，不去逃避它們的方法。它使你能善巧地面對並處理自己的問題。

根據佛陀的哲學以及歷代佛教修行者的體驗，你不能只因爲有人說：「你有問題是因爲這個，那個或其它原因。」就會停止你的問題。有人幫你解釋，說了幾句話，然後你突然看見光亮：「喔！是啊，謝謝你，我的問題解決了。」那是不可能的。問題的根源過深，以那種方式來解決是沒用的。那樣根除問題的方式太膚淺。

問題的根源不在智性上。要是這樣，如果問題只源於想法，那麼或許有人建議你，如果你改變思惟，所有的問題就會迎刃而解，這麼做可能有用。但要能克服不滿足的、散漫的心，以及解決心理問題，你就要成爲心理學家。換句話說，你必須要變成智慧。

爲了釋放你自己，你一定要認識自己，而且去認識自己是項很了不起的成就。接著，不管你去哪兒，天上還是地下，你都帶著解決自己問題的答案。

## 佛陀說：你必須要認識自己

另一方面，巧克力不能永遠與在你一起。反正你從自身經驗就知道不論你去哪裡，只要你帶著不滿足的心，你永遠都不快樂。問題不在於地方。問題是在於你的心。即便你登上月球，還是逃不開問題，你那不滿足的心仍在那裡。要是你帶著不滿足的心登上月球，又有什麼意義呢？我們想：「哇塞！月球耶！太棒了吧！」一點也不棒。充其量是另一場旅行罷了。

如果你更深入察看，會發現你平常認爲很美好的事，不管是什麼，感官愉悅等等，一點也不美好。你只是在繞著圈圈跑，不過就是一樣的舊旅程，一直重複不停。你的心變來變去，你想著：「我很快樂。」你感到乏味無聊，你又再改變，一直下去，你體會到的小小快樂永遠不會長久。要體會永恆不變的滿足感、自由與喜悅，你一定要帶進自身本具的智慧，試著完全清楚、覺察出操控你做出行爲的衝動、自己做事的動機。

如果你去做這件事，你強大有力的、寶貴的人身就變得眞正有價值。如果你不做，你的生命是否有價值就很難說了。

這樣不是很容易嗎？**察看自己的心會有多難？你不必去寺廟，你不用上教堂。反正你的心就是自己的寺廟，你的心就是自己的教堂。**你就在這裡以自身的智慧與內心結合。非常簡單。還有你沒辦法反駁我說的這些話：「我不用去瞭解我自己的心理衝動。」你不能這麼說。我們現在說的是你自己的心。你必須要認識自己的心理現象。它們是你的一部份。你必須知道自己是誰，自己的本性。佛陀從來沒強調過：「你必須要認識佛。」

**佛陀強調的是：「你必須要認識自己。」**

通常我們是從自己身體動作來觀察自己所做的行爲，但是心理衝動不見得會表現在行爲上。要去觀察那些不會外顯，因而被遮蔽的衝動，我們必須要禪修。當我們深入禪修，我們會整合，或結合我們的心，因此就能自動控制從感官知覺投射出來的二元見地其通常浮現的焦躁。我們都能達到這樣的程度。

所以，去察看自己的潛力來瞭解你的心理衝動，以及培養永恆的滿足和喜悅。你從察看就能得到結論；不去察看，你永遠得不到任何結論，然後整個人生就會變得漫無目的、不確定，以及沒有安全感。

爲什麼我們沒辦法平心靜氣？因爲我們不滿足。從佛教的角度來看，不滿足的心是罪犯，它是眞正的問題；不滿足的本性是焦躁感，它的作用就是來擾亂我們內心的平和。

人從仔細分析物質東西，就能發現它們的來源及成分。如果你以這樣的努力去察看你的內在世界，你就能找到眞正的滿足。

或許說得夠多了，既然大家都沒有問題，我只想道聲晚安，非常謝謝各位。

# 6

# 不執著地走自己的路

我們的愛完全是自私的。
別人對我們好，我們就貪著對方；
別人對我們差，我們就不喜歡對方。
我們的心極度失衡。

雪梨中國佛教協會
一九七五年四月二十四日

## 禪修遠離執著

**禪修或宗教修行者不應執著任何看法。**

固著的看法不是外在現象。我們的心常緊抓著聽起來很好的對象，但這樣可能相當危險。我們太容易輕易接受聽起來很好的東西：「喔，禪修真是好。」當然，要是你瞭解禪修是什麼而且正確修持，它是好的，你一定能找到生命疑問的解答。我的意思是不論你是從哲學、學說，或宗教方面做的任何事，都不要攀執看法。不要執著你的道路。

再強調一次，我現在所說並非外在東西，我指的是關於內在、心理現象。我說的是要培養一顆健全的心，發展佛教稱為堅不可摧的明瞭智。

有些人很享受禪修以及它帶來的滿足感，但同時他們強烈攀執禪修知性的概念：「喔，禪修眞是太適合我了，天底下最好的事就是禪修。我在獲得成果。我好高興！」不過要是別人澆他們一盆冷水，他們會怎麼反應？如果他們不會難過的話，那樣就太好了。這代表他們在宗教或禪修都做得對。

同樣的，你可能對神或佛，或者對於某個東西基於很深刻的瞭解及很棒的經驗，而有很強烈的虔敬心，而且你也完全有把握自己在做些什麼，但要是你對自己的看法有一絲絲的執著，如果有人跟你說：「你很信佛？佛是一頭豬！」或者「你信神？神比狗不如！」你會整個抓狂。話語並不能讓佛成了豬，或讓神變成狗，但由於你的執著，你的完美主義心整個抓狂了：「啊，我好受傷啊！你竟敢說這種話？」

## 超越二元對立

不管誰說什麼，像「佛陀是好的」、「佛陀是差勁的」，但究竟上，佛陀不受破壞的本性仍不受影響。沒人能增益或減損本性的價值。這也和別人對你說，你是好或是壞完全一樣。不管其他人說什麼，你還是一樣。

別人的話語不會改變你的實相。因此，當別人稱讚或批評你時，你何必心情起起落落呢？你會心情起伏是因爲你的執著、你的攀執心、你的固著看法。你要眞正清楚這一點。

去察看。這很有意思。去察看你的心。要是有人告訴你，你走的路整個都是錯的，你會怎麼回應？如果你眞正明白你內心本性，你就永遠不會對這種事隨之起舞；但要是你不明白自己的心，如果你妄念紛飛，又容易受傷，你很快就會發現你的平靜內心受到擾亂。那些不過是話語、看法，你卻這麼輕易覺得難受。

我們的心實在不可思議。我們的起伏與實相無關，和事實八竿子打不著。瞭解這種心理是相當重要的。

我們普遍認爲自己的道路及看法是好的、有價值、完美無瑕，但太過於看重這一點，我們在潛意識會貶低其它道路和看法。

也許我這樣想：「黃色是好棒的顏色。」然後對你鉅細靡遺解釋黃色是多麼地好。接著，由於我的邏輯理由，你也開始認爲：「黃色很好，黃色是完美的顏色。」但這個看法會自動引生出衝突的想法在你心中浮現：「藍色沒這麼好，紅色沒這麼好。」

一種東西與另一種東西相互衝突。這很常見，卻是錯的，尤其是對宗教來說。我們心中不該讓這種衝突出現，我們接受了一件事，就自動排斥另外一件事。如果你去察看，你會看見並非你盲目遵循外在的某個東西，而是你的心對於單一方向過於極端。這會自動設立與之相反的另一極端，這兩者的衝突就讓你的心失衡，擾亂你的內心平靜。

宗教黨派就是這麼呈現的。你說：「我屬於這個宗教。」當你碰到某個屬於另一個宗教的人時，你覺得沒安全感。這代表你的智慧微弱。你不懂自己內心的本性，然後攀著極端的見解。不要讓你的心受到這樣的污染，你要確定自己的心是健全的。

**畢竟在宗教修持、佛教、佛法、禪修或你想稱呼的任何名稱，其目的是要讓你的心能徹底超越不健全的、衝突的心理態度。**

## 避免極端，中間之道

佛陀叮囑他教導的弟子要不執著地修行。就算佛說的教法是精確的，不可思議的普世方法，佛要弟子承諾不會執著佛說的教法，或證悟、內在自由、涅槃或者成佛本身。

從執著裡頭達到自由是非常困難的一件事，特別是在物質主義的社會。你處理物質東西，不起執著幾乎是不可能的，而這會造成你在心靈方面帶著攀執的態度。不過，即使是困難的，你還是要去察看佛陀的心理學，怎麼提供你圓滿的內心健康，完全沒有這個或那個的極端。

在我們平凡的、輪迴的、世俗的生活裡，我們非常容易執著和攀著喜歡的東西，從來沒有人告訴我們要避免執著。不過佛陀即便是教導弟子最高深的修行方法以達到最高的修行目標，仍一直告誡弟子不能執著任何佛法。佛陀說：「如果你對我或對我的教法有一絲絲的執著，你不只是心理

耶喜喇嘛於印度圖西塔中心開示, 1983

上病了，而且也毀了你可以獲得徹底且圓滿證悟的任何機會。」

還有，佛陀未曾告訴其他人要偏私於佛陀的道路，或者說追隨佛陀的道路才是好的，其它修行道路是差的。事實上，佛陀制訂其中一條菩薩戒就是要弟子承諾不批評其它宗教的教法。想一想爲什麼佛陀要這麼做，從這可以看出佛陀多麼確切地瞭解人的心理。換作是我們，我們就會說：「我現在教你的是最高深、最圓滿的修行方法。其它的什麼都不是。」我們對待修行道路，就像我們在追求物質是一模一樣的競爭方式，而且要是我們一直下去，我們的心永遠不會健康，或發現涅槃，或者是永恆的、平和的證悟。那麼我們的心靈修持又有何用？

察看。即便在你輪迴的、世俗的活動與人際關係，一旦你有一個想法或選擇了什麼，有個衝突念頭自動就會進你的內心，「這個眞好！」當你世俗地，自私地迷戀上什麼，察看一下是否你的心太極端了，你會發現確實如此。

同樣的，你在心靈道路上修行時也應該避免極端。當然了，不是要你不學佛，或者不禪修，你還是要去做。只是要依照你自己瞭解的程度來修行。

意思不是說你的心應該對其它宗教是緊閉的。你可以去研讀任何宗教。你可以去發現其它宗教。問題是在於當你選擇一個特定的宗教時，你會對那個宗教的看法變得太極端，然後貶低其它宗教與哲學。因爲你不知道宗教的目的，爲什麼它存在或如何修持才會發生這種情況。如果你明白的話，就永遠不會對其它宗教有不安全感。不知道其它宗教的本質或它們的目的，會讓你害怕走其它修行道路的人。如果你明白不同的人需要不同方法和解答，你就會知道爲何需要許多的宗教。

瞭解這種基本的心理，眞的對你很有價値。接著，即便在你每天的生活，當有人說你是好或壞，你都不會心情起伏，你會知道別人怎麼說並不會讓你變好或變差。但如果你發現自己會隨著他人的話而心情會起伏，你應該知道會發生這種事是因爲你的心是污染的。你沒看到實相。由於如此，你那相對的、平凡的判斷在稱東西好或壞，你的心因而起伏。你內心會起伏是來自你的心讓你相信那些事情眞的是好或壞。那就是讓你心情起伏的原因。

如果你拒絕相信那種膚淺見解，當別人對你說「好」或「壞」，就不會有任何理由讓你心情起伏。話語不是實相。看法不是實相。先不提你內心的究竟本性，如果你就算明白內心的相對本性，沒有一個人說的話會讓你心情起伏。即便這種比較膚淺層次的理解，你會發現自己內在某種程度的眞實。

## 嘗試不執著地修行

我們的痛苦很大部份是因爲我們對於名聲有掙扎。我們不去在意自身爲何的實相，反而在意別人怎麼看自己。我們太向外看了。**眞是令人無法置信。對於佛教來說，那種心是病的。完全的、眞正生病了。**

當然，西方心理學家不認爲那種情況是心理疾病。他們的專業術語不同。爲什麼兩者會有差別？這是因爲佛陀的教法是要我們尋求最高的目標，永恆的、內在的、永堅不壞的內心平靜，而只有當我們能獲得那種內心層次時，佛教才不會認爲我們病了。在那之前，我們的心容易起伏，因此我們還是有病的，需要更重的藥量：禪修、修持佛法，不論你是怎麼稱呼它。這才是眞正深入又深奧的心理學。

要是你有能力處理日常生活的事情，能夠和朋友溝通等等，西方心理學家就滿意你沒有眞正生病。他們就說：「好，你現在好了，可以離開這裡了！」他們很容易滿足。但至高的心理學家——佛陀，看得更深。佛看到深層潛意識是怎麼回事。西方心理學家自豪於目前心理學所達到的進步，他們還是說，雖然西方心理學已經許多進展，就瞭解潛意識的本性而言，還有好長一段路要走。我在一本心理學書籍讀到這一點。反正，實際上是你執著於任何你認爲是好的想法，所以即便你走的心靈道路的教法眞的很好，試著不執著地修行。

有時你看到有太極端想法的人在街上發傳教文宣。就算你行路匆忙，趕著去別處，他們會把你攔下：「請拿去，讀一讀。」他們急切地想要傳播他們的看法，甚至會在購物中心及百貨中心傳教。這麼做太極端了。沒必要這樣。內心需要時間吸收任何的想法。如果你眞的希望教某人什麼的話，你要等到對方準備好了再去做。要是對方的心還沒準備好，不管你多麼相信你的宗教信仰，你也不該把它們強推給對方。這麼做就像是給臨終者珍貴的珠寶。

很多宗教會教人普世大愛的重要性，但問題是你該怎麼從自己內在培養普世大愛。你沒辦法只是唸唸「普世大愛、普世大愛、普世大愛」，就能有體悟。那麼你要怎麼做來獲得體悟？

根據佛陀所說，首先要培養對一切眾生的平等心，你達到普世大愛之前，你得要平等對待宇宙裡的一切眾生。所以，首先要訓練自己有平等心，如果你認為不用平等心就可以體悟普世大愛，這是痴人說夢。

不然的話，就算你認為普世大愛是一個非常棒的看法，不過就是你的宗教狂熱罷了。你有固著的想法：「這是我的宗教。」當有其它宗教信徒靠近你，你就渾身不自在。你的內心有衝突。那麼你說的普世大愛到哪兒去了？就算你覺得這個看法很棒，因爲你的心不平衡，你還是呈現不出來。

**爲了要讓普世大愛進到你的內心，你得要生起對宇宙一切衆生平等的感覺。**

## 禪修生起平等心

但說比做容易，所以也許我應該解釋怎麼生起平等心。

我們以端坐禪修來做。觀想在你前方有位讓你心煩意亂的人，你不喜歡的人。觀想在你背後有位最讓你執著的人。再觀想你周圍是你覺得不痛不癢的人，那些人既不是親朋好友，也不是敵人。看這三種人：朋友、敵人、陌生人，然後禪修，看看自己對於每一種人的感覺是怎麼樣。

當你看著親愛的朋友，有種攀著的感覺出現了，你想往那個方向。當你看著那個傷你、煩你的人，你就想閃躲他，你會排斥那個人。

這是一個很簡單的方法去察看你對不同的人有什麼樣的感覺。不會很複雜，只要觀想他們，看自己的感覺如何。然後，捫心自問：「為什麼我對不同的人會有不同的感覺？為什麼我想要幫助我喜歡的人，卻不想幫助我討厭的人？」如果你誠實，就會發現你的答案是煩惱心的回應，它完全沒有道理。

這就代表你沒有眞正瞭解人類關係的無常本性。能明白人內心眞正的、眞實本性的人，就瞭解關係有可能會改變，沒有那種永久關係；就算你想要有，也不可能。回顧地球至今以來整個歷史：哪裡有永恆關係？什麼時候出現過永恆關係？如果有，應該到現在還是。但沒有這回事，因爲沒有永恆關係這種事。

再來，你把人區分成朋友、敵人和陌生人，也是徹頭徹尾的誤解。一方面，它完全不合邏輯。不管你有什麼理由，你對於「我喜歡他，我不喜歡她」的這些感覺，完全沒有邏輯。它們與不論是主體或客體的眞正本性一點關係都沒有。

你以這種方式來評斷人，就好像有兩位非常口渴的人到你家門前討水喝，然後你隨便選了其中一位：「你，請進來。」然後拒絕另外一位。「你，走開。」你做的正是這種事。如果你眞正以內省智慧來察看，就會看到你做出好與壞的判斷是源於你自私的愉悅，從來沒想到別人的愉悅。

察看：觀想宇宙眾生都在你的周圍，體會自他平等，其他眾生就和你一樣，都想要快樂，不想不快樂。因此，從心理區分出朋友與敵人，這是沒道理的；想要極執著地幫助自己的友人，想要捨棄很煩的人、不想有衝突，從極爲反感產生出敵人。這種內心完全不切實際，因爲就像是人不滿足的心會起伏，那些關係也自然會改變。

就算你想要對某人生氣，你該生氣的對象是對方的煩惱心，而不是他的身體。他的心是不受控制的。他沒有選擇。當他攻擊你的時候，他是被無法控制的執著或瞋心操控，你該生氣的是他的煩惱心。

要是有人開車撞了你，你不會對車子生氣，是吧？你會對駕駛生氣。

這是一樣的道理。對方不滿足的心是內在駕馭，駕馭不是情緒表現。所以，你該生氣的對象不是敵人，而是他的煩惱。人會怎麼說或怎麼做，都只是內心表現於外。

總而言之，這就是修平等心的方法，你愈修就愈發體認到，事實上並沒有道理在極端的執著或瞋恨的基礎下，區分眾生爲朋友、敵人和陌生人。只有不健康的心會這麼做。當你切身感受平等心時，你會驚訝地發現你對敵人的看法出現多麼大的改變。那個曾經讓你心煩意亂的人，現在卻完全不同了，並不是因爲對方變了，而是因爲你的心改變了。你改變了看法。我說的不是童話故事。這是事實。

當你改變自己的態度，你對感官世界的看法也會改變。當你的心是矇朧模糊的，世界對你好像也是朦朧模糊的；當你的心是澄澈的，世界對你而言顯得美麗。你從自己的經驗就能知道這一點。你怎麼看世界是源自內心。它是你內心的反照。世界上沒有永恆的、完美的美好東西。你去哪裡找像這樣的東西？不可能。

你得要認識自己的心、你的心怎麼運作。你如何因爲不理性、不合邏輯的理由而區別眾生。因此，你需要禪修。

爲了要從內心發現普世大愛，你就要先對宇宙一切眾生有平等的感覺。你只要生起平等心，就不需要去擔心是否生得起普世大愛，它會自動出現。這就是人類心理怎麼運作，你不能逼它：「喔！普世大愛，我變成你，你變成我。」那是什麼？別這樣想。

當你的心能對一切眾生有和諧的平等心，你會自然而然開心。你不必說：「我需要快樂。」你自動會心情平靜，喜悅快樂，此外你的身體及語言會產生出一種平和的振動，自動能裨益他者，這是超越語言的。不論你去哪裡，那種振動會一直隨著你。但不禪修就達不到這種程度。不禪修，你就放不下任何執著，不管是心靈或物質上，更別說是普世大愛的體驗。

## 布施的眞義

大乘佛教將心帶至成佛的路循次漸進。我們已經知道爲了生起普世大愛，我們首先要生起平等心。在此基礎上，我們要生起成佛的菩提心。爲了要生起菩提心，我們的責任是圓滿六度，包括布施、持戒、安忍、精進、靜慮、智慧。

所有宗教都強調布施的重要性，但佛陀對布施最不同的解釋，在於佛的解釋主要是內心角度的布施，而不是這麼在意佈施的外在形式。爲什麼？因爲只有我們內心徹底放下吝嗇的執著，才能證得圓滿佈施，這純粹是內心的事。

有很多人帶著自大心與自傲心，認爲自己送了很多東西出去，就是有宗教精神，但這種想法相當膚淺。這樣的人不瞭解布施要義，只有一種覺得布施很好的模糊概念。他們不是眞正知道布施是什麼。以菩薩行來修布施是非常困難的，得要完全沒有吝嗇心才行。

很多人布施會帶著自傲和執著。那樣不是佈施，只是自我，基本上並沒有福德。菩薩修布施時，或者實際上修六度中的任何一度，都必須要包含另外的五度。換句話說，修布施一定會與持戒、安忍、精進、靜慮及智慧一起修，尤其是後者。我們要對空性有深刻的瞭解，也就是我們稱爲「三輪體空」：布施物、布施行爲及布施的對象，這三者體性爲空。如果我們在行布施時沒有三輪體空的理解，佈施不但沒有益處可言，也不圓滿，更進一步地可能會帶來掙扎的反應。

舉例來說，要是我們還有貪著，今天我們可能會送某人一個東西，明天卻想：「我希望我沒送給他，現在我需要它。」這種布施與宗教無關。

我們可能看到有人行布施，覺得對方是多麼慷慨大方，但我們看到的都只是外在表現。我們看不到他們的內在動機，對方的動機有可能整個是狂亂和自私的。宗教布施的眞正意思是要看布施者的內心態度，而不是他的外在行爲。

如果你行布施能減輕自己的煩惱，帶給內心更多平靜與領會，它就是宗教布施；但要是你行布施只是增加煩惱，不論外在看起來如何，你不作布施還比較好。爲什麼要做讓你原本煩惱心更煩亂的事？實際點，要知道自己到底在做什麼。

如果你在宗教修行上夠明白清楚，這件事會眞的很有價值，也會很有效果，你所追求的目標就會實現。即便只是對一切眾生有平等心的感覺，不會區分其他眾生是朋友、敵人及陌生人，就會帶給你極大的快樂，以及脫離不安全感。

我們常被別人弄得很煩，但我們必須要明白一點，把他們看成敵人是源自我們，不是他們。沒有天生的敵人。全是我們創造出來的。沒有永恆的惡。真正的負面是投射惡於外的負面心；而正面心看待同樣的東西會歸作正面。

**萬事萬物一定會改變**。**永恆的惡根本不存在**。

還有，當我們鬱鬱寡歡時，會想：「我好壞，我好差，我罪惡深重。」但這種想法完全沒道理，這是誇張的極端看法。我們皆具正面及負面心，只是在哪個時間點，哪一方比較強大的問題。這一點就是我們要去察看的。因此，不管我們的心在什麼時候給我們麻煩，這就是我們想法過於極端的徵兆。

這時就該禪修了。禪修指的是省察內心，看看到底怎麼回事。當我們正確地禪修，就能淨化不平衡的內心，也會帶來平靜。這就是禪修的作用。這就是宗教的作用。因此，我們應該盡量正確地禪修。

## 圓滿的布施之道

走在心靈道路上，要避免的一件事就是馬上欣然地接受看法，而是要設法找到把看法結合你生活經驗的竅門。自己對看法的體會比看法本身重要多了。舉個例子，我們不應該把屬於別人，像是我們親友的東西布施出去。我常聽到年輕人拿了父母的東西，像是母親的珠寶，然後把珠寶布施給街上乞者。那樣很奇怪。這不是布施。也有人常問我可不可以偷富有人的東西，然後送給窮人。那樣也不是布施。

一般對布施的理解是把東西給別人，但如你所知，以佛教的觀點，給東西不必然是布施。眞正的布施是關於內心，從內心行布施。布施的修行就是訓練心去降伏吝嗇。吝嗇的執著是在內心，所以，要對治吝嗇一定從內心下手。

另外一點，當我們要布施時，有時我們會太偏執。我們不會先確認對方是否需要我們想布施的東西，我們就一股腦兒布施出去。不過，有時這種作法可能沒有助益。在這種情況下，最好不要布施。如果你的布施沒有利益到對方，反而帶給對方困擾的話，會傷到對方，這樣就不是布施。你認爲自己的行爲是正面的，但卻是負面的。

如果你曾眞正的，深刻的去察看眞正的布施爲何，你或許會發現你這輩子活到現在還不曾眞正的布施過。你眞正地確認過對方的需要嗎？你在布施之前有生起正確的動機嗎？你有禪修三輪體空而修布施嗎？還有，要是你帶著驕傲心布施，不管你布施的東西多麼棒，都是白費心力；你的布施只是個笑話。

所以，你就知道圓滿布施是多麼難了。我並非消極，我實話實說。你要確定你不論做什麼事都要做得有所價值。如果你以正確知見來修布施，就會非常有力量，還有心理上的效果，具有眞正的意義，而且毫無疑問地會帶給你想要的平和體悟。另一方面，如果你的修行是半吊子，而且你也不瞭解，你最終只會感到沮喪。

所以，不要認爲布施是外在行爲，它是內在的。布施是把內心從吝嗇執著轉離，而放下它。那樣很棒。這是禪修，是一種內心狀態，而且非常有效。

你也應該避免布施會傷害其他眾生的東西。例如，你不該捐款支持戰爭。有時別人可能會請你捐錢給以宗教之名而發起爭鬥的人，這種支持戰爭怎麼會是心靈的？不可能。你要確定你的善款不會傷害他人。

學佛能學到減少自己的煩惱是非常難的，但如果你能做得到，這會是最有價值的事，它能眞正地動搖我執。若以想要證得永恆的、平和的證悟爲動機，即便是小小的布施都會帶來極大的成效，能眞正粉碎你的執著。

布施有三種：財施、法施及無畏施。在你能力範圍之內，不管是哪一

耶喜喇嘛在海邊，1983

種布施，你能做的都要去做，並且盡可能地有所理解。

修布施的究竟目標是圓滿成佛，所以你應該將布施迴向這個目標。但我們不是這麼做，是不是？如果有人覺得冷，我們只是丟給對方一條毯子：「夠暖了嗎？好，那就好。」然後就走人了。要是有人口渴，我們只是給對方一杯喝的：「不渴了吧？好，那就好。」就這樣子。我們的目標是這麼地短暫，目光短淺，讓我們的佈施變得僅僅是另一條物質之行。我們對於布施的見解實在太膚淺了。相反的，我們應該在幫助對方現前的需要時，瞭解到爲了要證悟成佛，對方需要健康的身體與心靈，我們布施是爲了幫助對方修持佛法，要把我們的功德迴向一切眾生證悟成佛。

我不是消極地說這些東西，我談的是我們實際現狀。我有信心，要是你如法修持，你一定能獲得永恆的、平和的證悟。但就算先不談這個，要是你今天如法修持，明天你自然而然比較平和；如果你早上如法禪修，你一整天都會過得比較順利。你很容易就能印證到這一點的眞實性。但是，要從禪修證悟成佛，要由修圓滿六度及更往上證得十地菩薩，是漸進的過程。

## 條條大道通羅馬

當我們證悟成佛了，就不會再有偏愛。如果有人怒氣沖沖地拿刀刺佛陀的右臂，另外有人虔敬地在佛陀的左臂上塗抹香膏，佛陀不會恨這一個，也不會對另外一個生起貪著。佛陀對兩者的愛是平等的，證悟者對眾生的愛是普世的愛，毫無偏私。

不過，我們的愛完全是自私的。別人對我們好，我們就貪著對方；別人對我們差，我們就不喜歡對方。**我們的心極度失衡**。

我的結論是，我們不應貪著任何東西，連信仰的宗教也是，更別提物質享受。我們應該從瞭解心靈道上的實相，以及它和我們個人的關連性來修行。那就是發覺普世大愛的方法，離於不安全感，離於黨派，像是「我是佛教徒」、「我是基督徒」、「我是印度教徒」或其它等等。我們是什麼並不重要，我們每個人都要去找到適合自己的道路。

有些人喜歡飯；有些人則喜歡馬鈴薯；有些人喜歡其它食物。就讓大家吃自己愛吃的，吃得滿意就好。你不能說：「我討厭吃飯，其他人也不該吃飯。」對於宗教也是相同的道理。

如果你能有這種瞭解，你就再也不會反對任何宗教。不同的人需要不同的路。就讓大家做各自需要做的事。但不幸的是，我們狹隘的心沒有這般寬容。我們會想：「我的宗教是最好的，是唯一的路。其它宗教都錯了。」抱著這般固著的看法就表示我們病了。宗教本身沒有錯，錯在信徒。所以，要是你想要有健康的心理，就要瞭解自己的道路，而且正確地修持，自然就會生起證量。

在我說完之前，有個重點想再說清楚。我不是批評任何人，我也不是看輕任何人的修行。但現今我們大部分人成長的社會環境，並沒有太多機會來認眞研讀宗教的教義和修行。所以，你修持佛法時，如法是很重要的，不要將修持佛法轉成了另一種世間追求。現代社會認爲物質進步極爲重要，而輕忽了平和內心的發展。當然，要是眞的有人問你：「你認爲精神追求是重要的嗎？」你會回答：「是啊，不過……」總會有「不過」、「但是」。你會說這種話，那就表示你實際所處的狀態。

# 問與答

## 問題1

**如果在我們出生的時代及地方沒有很多出家人，是惡業的結果嗎？**

我不認爲如此。那就好比沒出家是種惡業的說法。事實不是那樣。你要知識淵博不見得要爲僧爲尼。你不能說穿僧服者就比在家人更高等。你不能以這種方式來評斷事情。這完全視個別而定。不過或許你能說，你發現自己處在不瞭解自己的心、心理態度，或不能發現眞實的、內在的平和及滿足感的情況下，是個人的惡業。

## 問題2

**喇嘛，我們在禪修的時候，怎麼知道人跟思惟是一樣的？人是思惟，人跟思惟不是分開的？**

相對來說，人不是思惟。人只是「名言安立」，在當下時間，思惟只是「作用」。但如果你在禪修時，能完全把自己與思惟結合，那會是很好的體驗。不過，從世俗諦立場及科學理解來看，人與思惟是不同的。你不是思惟。就算你在禪修時，覺得自己與思惟合一，但你與思惟仍是不同的。儘管在究竟層次是一體的，然在相對層次兩者有所分別。但當你禪修時，如果你覺得自己與宇宙萬法完全是一體的話，如果你覺得自己的身體就像是一粒原子，而你的本性完全與整個宇宙能量是完全合一的話，那會是很好的體驗。

還有，你想要專心思惟某件事時，其它念頭卻一直冒出來，與其抗拒它們，把它們推開，不如想：「歡迎你。」然後以明澈的省察智慧來察看它們，直視你念頭實相的本性。念頭傻裡傻氣的，你看著它們，它們就會消失不見。念頭只在開玩笑，當你去分析它們時，它們就消失了。到現在爲止，你愈是要把念頭攆走，它們愈會一直纏著你。試著歡迎它們。

其實，看著你的念頭遠比看電視有意思多了。電視很無聊，都是老調重彈。當你觀察自心，會出現非常不一樣的東西。你已經累積了相當龐大的回憶，人生這些年來，就算是童年的回憶也會再浮現。電視從來不會這麼有意思。

當你瞭解自己的內心如何運作，就是你能掌控它的開始。當其它念頭冒出來時，你就不會再覺得懊惱了，你在心理上會知道它們有什麼意義。某個人對內心一無所知，或者也不知道心怎麼運作，當潛意識的念頭突然化現成意識時，他會驚慌不已：「啊！那是什麼啊？」當你瞭解自心，以及它裡面有什麼的時候，你就會預期到這類的事情會發生。你會明白自心本性，對於其黑暗面也會有解答。如果你認爲自己完全清淨，突然有些醜陋的念頭出現了，你就抓狂了。不過，你也必須要知道，你也不是完全差的。你的心有好的一面，也有不好的一面。但這完全是相對的，就像天空雲朵來來去去。在雲朵之後是你眞正的、眞實的本性，本性仍是完全清淨，就如天空沒有改變過。所以，身爲人就是強大有力的，我們具備做出偉大事情的能力，因爲我們本性爲善。

非常謝謝大家，謝謝。

# 詞彙表

**阿底峽尊者**（Atisha, 924-1054）：偉大的印度佛教大師，以修行菩提心名聞遐邇，尊者到西藏振興佛教，後半生住在藏地十七年。他撰著具開創性的《菩提道燈論》，奠定了藏傳佛教所有教派的傳統基礎。尊者也是噶當巴派的始祖，此派即爲格魯派的前身。

**菩提心**（bodhicitta）：爲了讓一切眾生成佛這個唯一的目標，而決心要成佛的完全利他心。

**菩薩**（bodhisattva）：爲了一切眾生，朝著成佛修行的行者。具備菩提心的大悲動機，依循大乘道路證得十地直至成佛的行者。

**佛**（buddha）：完全證悟者。佛已斷除內心一切過失，圓滿證得一切功德。佛是皈依三寶的第一個皈依。

**輪迴**（cyclic existence）：於輪迴六道的一切眾生，下三道有地獄、餓鬼及畜生；上三道包括人、阿修羅及天。輪迴無始，眾生受煩惱及業力的控制下，在輪迴生死流轉不停，充滿著痛苦。輪迴也指眾生的染污蘊。

**法**（Dharma）：心靈教導，特別是指釋迦牟尼佛所傳的教導。字面上意思是能止息痛苦。法是皈依三寶的第二個皈依。

**二元見**（dualistic view）：未成佛之心其無明見地的特性，將一切萬法錯認爲堅固的自性存在。對於這種見地，會混淆對境的顯現與對境是獨立存在或自性存在的假象，從而引至更深的二元見，就有主體和客體、自和他、這和那等等。

**我執**（ego-mind）：持著「我是自性存在」的錯誤看法。對於心和自身兩者本性的無明見。

**世間八法**（eight worldly dharma）：八種世俗顧慮：得到、失去、聲名遠播、壞名聲、讚譽、批評、快樂、痛苦。

**成佛**（enlightenment）：全然覺醒。佛地。修行佛法的最究竟目標，當從內心斷除一切侷限，以及完全透澈又圓滿了證自身的一切正向潛能之時即能獲得。成佛狀態有三個特點：無盡悲心、智慧及善巧。

**四聖諦**（four noble truths）：苦諦、集諦、滅諦、道諦，佛陀初轉法輪傳授的內容，亦即佛陀首次的論述。

**格魯／噶舉／薩迦／寧瑪**（Gelug/Kagyu/Sakya/Nyingma）：藏傳佛教四大教派。耶喜喇嘛屬於格魯教派。

**格西**（geshe）：僧人讀完寺院佛學理論及辯論的完整教育，且在最後通過考試而獲頒的學位。

**幻覺**（hallucinate）：耶喜喇嘛對這詞的用法不是只由藥物化學作用或生病所引起的幻覺，而是指無明內心的不當投射。

**小乘**（Hinayana）：按照字面意思是小或較小的車乘。佛教一般分成兩乘的其一。小乘修行者在依循佛道的動機主要是個人強烈地想從輪迴解脫。小乘修行者可分成兩種，聲聞聖者及獨覺聖者。

**噶當巴**（Kadampa）：阿底峽尊者及其弟子，主要為阿底峽的翻譯仲敦巴尊者，於西元十一世紀創立藏傳佛教噶當巴教派。

**劫**（kalpa）：根據釋迦牟尼佛所說，一劫時間比每一百年用上好絲綢輕拂一塊方廣堅硬的岩石一遍，直到拂盡此岩所需的時間還長。

**道次第**（lam-rim）：漸進的修行道路。此釋迦牟尼佛法教的呈現方式，爲適合用來訓練佛弟子修行的循次漸進步驟。道次第是由偉大印度祖師阿底峽尊者在西元一〇四二年入藏後撰立，其比丘名爲吉祥燃燈智（Dipamkara Shrijnana, 982-1055）。

**大乘**（Mahayana）：字面上意思是大車乘。佛教一般分大乘及小乘的其中一種。大乘佛教修行者在依循佛道的動機上主要是有強大的願求，希望一切眾生從輪迴裡得到解脫，並且獲得佛果位，圓滿證悟。大乘佛教分爲波羅蜜多乘（另稱經乘）及金剛乘（另稱密乘、咒乘）。大乘的相對爲小乘。

**心**（mind）：與意識、心識爲同義詞。意思是「明白的、了知的」。心無形色，具有感覺對象的能力。心分爲六個主要意識及五十一個心所。

**龍樹菩薩**（Nagarjuna）：西元第二世紀印度佛教學者，提出空性的中觀哲學。

**蓮花生大士**（Padmasambhava）：印度密續大師，第八世紀受西藏國王赤松德贊邀至西藏。藏傳佛教寧瑪派的開山祖師。

**皈依**（refuge）：佛法道路的大門。佛弟子對於輪迴苦感到害怕，對佛、法、僧有信心，相信佛、法、僧能引領自己離苦得樂，乃至於解脫輪迴或證悟成佛而皈依佛、法、僧三寶。

**僧**（Sangha）：修行團體。僧是皈依三寶的第三個皈依對象。究竟層次的僧指已經直接現證空性的修行者；相對層次的僧指剃度出家的男僧及女尼。

**釋迦牟尼佛**（Shakyamuni Buddha, 563-483 BC）：當今賢劫千佛的第四尊佛。出生爲印度北方釋迦族王國的王子悉達多．喬達摩（Siddhartha Gotama），釋迦牟尼佛教導證得解脫及成佛的經及密續教法；後來被稱爲佛教的教主（佛在梵文意爲全然覺醒）。

**空性**（shunyata）：對萬法存在持無錯誤的見地，特別是指萬法非獨立、非自性有。

**六度**（six perfections）：佈施、持戒、安忍、精進、禪定、智慧。

**迷信／妄念**（superstition）：對實相所持的錯誤看法。

**三惡道**（three lower realms）：輪迴裡最受苦的三道，包括畜生道、餓鬼道、地獄道。

**三主要道**（three principal paths）：菩提道次第的三個主要支分，分別爲出離心、菩提心、空正見。

**傑宗喀巴大師**（TsongKhapa, Lama Je, 1357-1417）：創立藏傳佛教格魯派的始祖，精熟許多經續傳承及西藏寺院的傳統。

**乘**（yana）：字意爲車乘。內在的車乘能帶著行者順著修行道路直至成佛。佛教分二主要乘，分別爲小乘及大乘。

# 護持大乘法脈聯合會（FPMT）

護聯會（FPMT）的創始人圖敦．喇嘛耶喜和導師圖敦．梭巴仁波切兩位西藏高僧，悲願宏深。喇嘛耶喜說：「這個組織是為所有的母有情設立的，主要目的是讓佛法的知識和智慧在人們的心中成長。」

一九八四年喇嘛耶喜過世後，喇嘛梭巴仁波切成為護持大乘法脈聯合會唯一的導師，在全球推展廣大的利生事業，包括設立一百多個弘法禪修中心、閉關道場、寺院，推展圓滿教育、復興蒙古佛教、興建佛塔、轉經輪等聖物、安寧服務、痲瘋病院、醫療中心、出版社、監獄弘法、動物放生庇護園等。

喇嘛梭巴仁波切說：「我們想成就什麼？創造機會，讓眾多的弟子接受深入、廣泛的佛法教育，讓更多人終生修行，實證菩提道，具有菩提道次第的證量，這是我們應該努力以赴的首要目標。然後是其他公眾、社會服務，在身心方面幫助其他眾生。

「這些年來，我見到越來越多的弟子對其他眾生奉獻得更多，更誠懇，更慈悲，這是這個組織的美，這個組織的未來。」

護持大乘法脈聯合會目前在台灣有一個基金會：財團法人台北市護持大乘法脈基金會，以及彌勒大佛工程專案、菩提心出版社和三個中心：台北的經續法林、台中的釋迦牟尼佛中心和高雄的上樂金剛中心。

## 喇嘛耶喜智庫（Lama Yeshe Wisdom Archive, LYWA）

喇嘛耶喜智庫由護持大乘聯合會導師喇嘛梭巴仁波切創立於一九九六年，主要任務是彙集喇嘛耶喜和梭巴仁波切在全球各地的開示錄音，予以謄寫、出版、流通。喇嘛耶喜和喇嘛梭巴仁波切自一九七〇年在尼泊爾的柯槃寺開始說法迄今的開示錄都保存下來。

如果您想要進一步了解喇嘛耶喜智庫，或在線上閱覽喇嘛耶喜和梭巴仁波切的開示錄，歡迎參觀我們的網頁：www.lamayeshe.org。請不吝支持、指教，和我們保持聯絡。

# 橡樹林文化 ❖❖ 善知識系列 ❖❖ 書目

| | | | |
|---|---|---|---|
| JB0001 | 狂喜之後 | 傑克・康菲爾德◎著 | 380元 |
| JB0002 | 抉擇未來 | 達賴喇嘛◎著 | 250元 |
| JB0003 | 佛性的遊戲 | 舒亞・達斯喇嘛◎著 | 300元 |
| JB0004 | 東方大日 | 邱陽・創巴仁波切◎著 | 300元 |
| JB0005 | 幸福的修煉 | 達賴喇嘛◎著 | 230元 |
| JB0006 | 與生命相約 | 一行禪師◎著 | 240元 |
| JB0007 | 森林中的法語 | 阿姜查◎著 | 320元 |
| JB0008 | 重讀釋迦牟尼 | 陳兵◎著 | 320元 |
| JB0009 | 你可以不生氣 | 一行禪師◎著 | 230元 |
| JB0010 | 禪修地圖 | 達賴喇嘛◎著 | 280元 |
| JB0011 | 你可以不怕死 | 一行禪師◎著 | 250元 |
| JB0012 | 平靜的第一堂課——觀呼吸 | 德寶法師 ◎著 | 260元 |
| JB0013 | 正念的奇蹟 | 一行禪師◎著 | 220元 |
| JB0014 | 觀照的奇蹟 | 一行禪師◎著 | 220元 |
| JB0015 | 阿姜查的禪修世界——戒 | 阿姜查◎著 | 220元 |
| JB0016 | 阿姜查的禪修世界——定 | 阿姜查◎著 | 250元 |
| JB0017 | 阿姜查的禪修世界——慧 | 阿姜查◎著 | 230元 |
| JB0018X | 遠離四種執著 | 究給・企千仁波切◎著 | 280元 |
| JB0019 | 禪者的初心 | 鈴木俊隆◎著 | 220元 |
| JB0020X | 心的導引 | 薩姜・米龐仁波切◎著 | 240元 |
| JB0021X | 佛陀的聖弟子傳1 | 向智長老◎著 | 240元 |
| JB0022 | 佛陀的聖弟子傳2 | 向智長老◎著 | 200元 |
| JB0023 | 佛陀的聖弟子傳3 | 向智長老◎著 | 200元 |
| JB0024 | 佛陀的聖弟子傳4 | 向智長老◎著 | 260元 |
| JB0025 | 正念的四個練習 | 喜戒禪師◎著 | 260元 |
| JB0026 | 遇見藥師佛 | 堪千創古仁波切◎著 | 270元 |
| JB0027 | 見佛殺佛 | 一行禪師◎著 | 220元 |
| JB0028 | 無常 | 阿姜查◎著 | 220元 |

| | | | |
|---|---|---|---|
| JB0029 | 覺悟勇士 | 邱陽・創巴仁波切◎著 | 230元 |
| JB0030 | 正念之道 | 向智長老◎著 | 280元 |
| JB0031 | 師父——與阿姜查共處的歲月 | 保羅・布里特◎著 | 260元 |
| JB0032 | 統御你的世界 | 薩姜・米龐仁波切◎著 | 240元 |
| JB0033 | 親近釋迦牟尼佛 | 髻智比丘◎著 | 430元 |
| JB0034 | 藏傳佛教的第一堂課 | 卡盧仁波切◎著 | 300元 |
| JB0035 | 拙火之樂 | 圖敦・耶喜喇嘛◎著 | 280元 |
| JB0036 | 心與科學的交會 | 亞瑟・札炯克◎著 | 330元 |
| JB0037 | 你可以，愛 | 一行禪師◎著 | 220元 |
| JB0038 | 專注力 | B・艾倫・華勒士◎著 | 250元 |
| JB0039 | 輪迴的故事 | 慈誠羅珠堪布◎著 | 270元 |
| JB0040 | 成佛的藍圖 | 堪千創古仁波切◎著 | 270元 |
| JB0041 | 事情並非總是如此 | 鈴木俊隆禪師◎著 | 240元 |
| JB0042 | 祈禱的力量 | 一行禪師◎著 | 250元 |
| JB0043 | 培養慈悲心 | 圖丹・卻准◎著 | 320元 |
| JB0044 | 當光亮照破黑暗 | 達賴喇嘛◎著 | 300元 |
| JB0045 | 覺照在當下 | 優婆夷　紀・那那蓉◎著 | 300元 |
| JB0046 | 大手印暨觀音儀軌修法 | 卡盧仁波切◎著 | 340元 |
| JB0047X | 蔣貢康楚閉關手冊 | 蔣貢康楚羅卓泰耶◎著 | 260元 |
| JB0048 | 開始學習禪修 | 凱薩琳・麥唐諾◎著 | 300元 |
| JB0049 | 我可以這樣改變人生 | 堪布慈囊仁波切◎著 | 250元 |
| JB0050 | 不生氣的生活 | W. 伐札梅諦◎著 | 250元 |
| JB0051 | 智慧明光：《心經》 | 堪布慈囊仁波切◎著 | 250元 |
| JB0052 | 一心走路 | 一行禪師◎著 | 280元 |
| JB0054 | 觀世音菩薩妙明教示 | 堪布慈囊仁波切◎著 | 350元 |
| JB0055 | 世界心精華寶 | 貝瑪仁增仁波切◎著 | 280元 |
| JB0056 | 到達心靈的彼岸 | 堪千・阿貝仁波切◎著 | 220元 |
| JB0057 | 慈心禪 | 慈濟瓦法師◎著 | 230元 |
| JB0058 | 慈悲與智見 | 達賴喇嘛◎著 | 320元 |
| JB0059 | 親愛的喇嘛梭巴 | 喇嘛梭巴仁波切◎著 | 320元 |
| JB0060 | 轉心 | 蔣康祖古仁波切◎著 | 260元 |

| | | | |
|---|---|---|---|
| JB0061 | 遇見上師之後 | 詹杜固仁波切◎著 | 320元 |
| JB0062 | 白話《菩提道次第廣論》 | 宗喀巴大師◎著 | 500元 |
| JB0063 | 離死之心 | 竹慶本樂仁波切◎著 | 400元 |
| JB0064 | 生命真正的力量 | 一行禪師◎著 | 280元 |
| JB0065 | 夢瑜伽與自然光的修習 | 南開諾布仁波切◎著 | 280元 |
| JB0066 | 實證佛教導論 | 呂真觀◎著 | 500元 |
| JB0067 | 最勇敢的女性菩薩——綠度母 | 堪布慈囊仁波切◎著 | 350元 |
| JB0068 | 建設淨土——《阿彌陀經》禪解 | 一行禪師◎著 | 240元 |
| JB0069 | 接觸大地——與佛陀的親密對話 | 一行禪師◎著 | 220元 |
| JB0070 | 安住於清淨自性中 | 達賴喇嘛◎著 | 480元 |
| JB0071/72 | 菩薩行的祕密【上下冊】 | 佛子希瓦拉◎著 | 799元 |
| JB0073 | 穿越六道輪迴之旅 | 德洛達娃多瑪◎著 | 280元 |
| JB0074 | 突破修道上的唯物 | 邱陽·創巴仁波切◎著 | 320元 |
| JB0075 | 生死的幻覺 | 白瑪格桑仁波切◎著 | 380元 |
| JB0076 | 如何修觀音 | 堪布慈囊仁波切◎著 | 260元 |
| JB0077 | 死亡的藝術 | 波卡仁波切◎著 | 250元 |
| JB0078 | 見之道 | 根松仁波切◎著 | 330元 |
| JB0079 | 彩虹丹青 | 祖古·烏金仁波切◎著 | 340元 |
| JB0080 | 我的極樂大願 | 卓千拉貢仁波切◎著 | 260元 |
| JB0081 | 再捻佛語妙花 | 祖古·烏金仁波切◎著 | 250元 |
| JB0082 | 進入禪定的第一堂課 | 德寶法師◎著 | 300元 |
| JB0083 | 藏傳密續的真相 | 圖敦·耶喜喇嘛◎著 | 300元 |
| JB0084 | 鮮活的覺性 | 堪千創古仁波切◎著 | 350元 |
| JB0085 | 本智光照 | 遍智　吉美林巴◎著 | 380元 |
| JB0086 | 普賢王如來祈願文 | 竹慶本樂仁波切◎著 | 320元 |
| JB0087 | 禪林風雨 | 果煜法師◎著 | 360元 |
| JB0088 | 不依執修之佛果 | 敦珠林巴◎著 | 320元 |
| JB0089 | 本智光照——功德寶藏論　密宗分講記 | 遍智　吉美林巴◎著 | 340元 |
| JB0090 | 三主要道論 | 堪布慈囊仁波切◎講解 | 280元 |
| JB0091 | 千手千眼觀音齋戒——紐涅的修持法 | 汪遷仁波切◎著 | 400元 |
| JB0092 | 回到家，我看見真心 | 一行禪師◎著 | 220元 |

| | | | |
|---|---|---|---|
| JB0093 | 愛對了 | 一行禪師◎著 | 260元 |
| JB0094 | 追求幸福的開始：薩迦法王教你如何修行 | 尊勝的薩迦法王◎著 | 300元 |
| JB0095 | 次第花開 | 希阿榮博堪布◎著 | 350元 |
| JB0096 | 楞嚴貫心 | 果煜法師◎著 | 380元 |
| JB0097 | 心安了，路就開了：讓《佛說四十二章經》成為你人生的指引 | 釋悟因◎著 | 320元 |
| JB0098 | 修行不入迷宮 | 札丘傑仁波切◎著 | 300元 |
| JB0099 | 看自己的心，比看電影精彩 | 圖敦．耶喜喇嘛◎著 | 280元 |

## 橡樹林文化 ❖❖ 成就者傳記系列 ❖❖ 書目

| | | | |
|---|---|---|---|
| JS0001 | 惹瓊巴傳 | 堪千創古仁波切◎著 | 260元 |
| JS0002 | 曼達拉娃佛母傳 | 喇嘛卻南、桑傑．康卓◎英譯 | 350元 |
| JS0003 | 伊喜．措嘉佛母傳 | 嘉華．蔣秋、南開．寧波◎伏藏書錄 | 400元 |
| JS0004 | 無畏金剛智光：怙主敦珠仁波切的生平與傳奇 | 堪布才旺．董嘉仁波切◎著 | 400元 |
| JS0005 | 珍稀寶庫——薩迦總巴創派宗師 貢嘎南嘉傳 | 嘉敦．強秋旺嘉◎著 | 350元 |
| JS0006 | 帝洛巴傳 | 堪千創古仁波切◎著 | 260元 |

## 橡樹林文化 ❖❖ 蓮師文集系列 ❖❖ 書目

| | | | |
|---|---|---|---|
| JA0001 | 空行法教 | 伊喜．措嘉佛母輯錄付藏 | 260元 |
| JA0002 | 蓮師傳 | 伊喜．措嘉記錄撰寫 | 380元 |
| JA0003 | 蓮師心要建言 | 艾瑞克．貝瑪．昆桑◎藏譯英 | 350元 |
| JA0004 | 白蓮花 | 蔣貢米龐仁波切◎著 | 260元 |
| JA0005 | 松嶺寶藏 | 蓮花生大士◎著 | 330元 |
| JA0006 | 自然解脫 | 蓮花生大士◎著 | 400元 |

# 橡樹林文化衆生系列書目

| | | | |
|---|---|---|---|
| JP0001 | 大寶法王傳奇 | 何謹◎著 | 200元 |
| JP0002X | 當和尚遇到鑽石（增訂版） | 麥可·羅區格西◎著 | 360元 |
| JP0003X | 尋找上師 | 陳念萱◎著 | 200元 |
| JP0004 | 祈福 DIY | 蔡春娉◎著 | 250元 |
| JP0006 | 遇見巴伽活佛 | 溫普林◎著 | 280元 |
| JP0009 | 當吉他手遇見禪 | 菲利浦·利夫·須藤◎著 | 220元 |
| JP0010 | 當牛仔褲遇見佛陀 | 蘇密·隆敦◎著 | 250元 |
| JP0011 | 心念的賽局 | 約瑟夫·帕蘭特◎著 | 250元 |
| JP0012 | 佛陀的女兒 | 艾美·史密特◎著 | 220元 |
| JP0013 | 師父笑呵呵 | 麻生佳花◎著 | 220元 |
| JP0014 | 菜鳥沙彌變高僧 | 盛宗永興◎著 | 220元 |
| JP0015 | 不要綁架自己 | 雪倫·薩爾茲堡◎著 | 240元 |
| JP0016 | 佛法帶著走 | 佛朗茲·梅蓋弗◎著 | 220元 |
| JP0018C | 西藏心瑜伽 | 麥可·羅區格西◎著 | 250元 |
| JP0019 | 五智喇嘛彌伴傳奇 | 亞歷珊卓·大衛一尼爾◎著 | 280元 |
| JP0020 | 禪　兩刃相交 | 林谷芳◎著 | 260元 |
| JP0021 | 正念瑜伽 | 法蘭克·裘德·巴奇歐◎著 | 399元 |
| JP0022 | 原諒的禪修 | 傑克·康菲爾德◎著 | 250元 |
| JP0023 | 佛經語言初探 | 竺家寧◎著 | 280元 |
| JP0024 | 達賴喇嘛禪思365 | 達賴喇嘛◎著 | 330元 |
| JP0025 | 佛教一本通 | 蓋瑞·賈許◎著 | 499元 |
| JP0026 | 星際大戰·佛部曲 | 馬修·波特林◎著 | 250元 |
| JP0027 | 全然接受這樣的我 | 塔拉·布萊克◎著 | 330元 |
| JP0028 | 寫給媽媽的佛法書 | 莎拉·娜塔莉◎著 | 300元 |
| JP0029 | 史上最大佛教護法一阿育王傳 | 德干汪莫◎著 | 230元 |
| JP0030 | 我想知道什麼是佛法 | 圖丹·卻淮◎著 | 280元 |
| JP0031 | 優雅的離去 | 蘇希拉·布萊克曼◎著 | 240元 |
| JP0032 | 另一種關係 | 滿亞法師◎著 | 250元 |

| | | | |
|---|---|---|---|
| JP0033 | 當禪師變成企業主 | 馬可・雷瑟◎著 | 320元 |
| JP0034 | 智慧81 | 偉恩・戴爾博士◎著 | 380元 |
| JP0035 | 覺悟之眼看起落人生 | 金菩提禪師◎著 | 260元 |
| JP0036 | 貓咪塔羅算自己 | 陳念萱◎著 | 520元 |
| JP0037 | 聲音的治療力量 | 詹姆斯・唐傑婁◎著 | 280元 |
| JP0038 | 手術刀與靈魂 | 艾倫・翰彌頓◎著 | 320元 |
| JP0039 | 作為上師的妻子 | 黛安娜・J・木克坡◎著 | 450元 |
| JP0040 | 狐狸與白兔道晚安之處 | 庫特・約斯特勒◎著 | 280元 |
| JP0041 | 從心靈到細胞的療癒 | 喬思・慧麗・赫克◎著 | 260元 |
| JP0042 | 27%的獲利奇蹟 | 蓋瑞・賀許伯格◎著 | 320元 |
| JP0043 | 你用對專注力了嗎？ | 萊斯・斐米博士◎著 | 280元 |
| JP0044 | 我心是金佛 | 大行大禪師◎著 | 280元 |
| JP0045 | 當和尚遇到鑽石2 | 麥可・羅區格西◎等著 | 280元 |
| JP0046 | 雪域求法記 | 邢肅芝（洛桑珍珠）◎口述 | 420元 |
| JP0047 | 你的心是否也住著一隻黑狗？ | 馬修・約翰史東◎著 | 260元 |
| JP0048 | 西藏禪修書 | 克莉絲蒂・麥娜麗喇嘛◎著 | 300元 |
| JP0049 | 西藏心瑜伽2 | 克莉絲蒂・麥娜麗喇嘛◎等著 | 300元 |
| JP0050 | 創作，是心靈療癒的旅程 | 茱莉亞・卡麥隆◎著 | 350元 |
| JP0051 | 擁抱黑狗 | 馬修・約翰史東◎著 | 280元 |
| JP0052 | 還在找藉口嗎？ | 偉恩・戴爾博士◎著 | 320元 |
| JP0053 | 愛情的吸引力法則 | 艾莉兒・福特◎著 | 280元 |
| JP0054 | 幸福的雪域宅男 | 原人◎著 | 350元 |
| JP0055 | 貓馬麻 | 阿義◎著 | 350元 |
| JP0056 | 看不見的人 | 中沢新一◎著 | 300元 |
| JP0057 | 内觀瑜伽 | 莎拉・鮑爾斯◎著 | 380元 |
| JP0058 | 29個禮物 | 卡蜜・沃克◎著 | 300元 |
| JP0059 | 花仙療癒占卜卡 | 張元貞◎著 | 799元 |
| JP0060 | 與靈共存 | 詹姆斯・范普拉◎著 | 300元 |
| JP0061 | 我的巧克力人生 | 吳佩容◎著 | 300元 |
| JP0062 | 這樣玩，讓孩子更專注、更靈性 | 蘇珊・凱瑟・葛凌蘭◎著 | 350元 |
| JP0063 | 達賴喇嘛送給父母的幸福教養書 | 安娜・芭蓓蔻爾・史蒂文・李斯◎著 | 280元 |

| | | | |
|---|---|---|---|
| JP0064 | 我還沒準備說再見 | 布蕾克・諾爾&帕蜜拉・D・布萊爾◎著 | 380元 |
| JP0065 | 記憶人人hold得住 | 喬許・佛爾◎著 | 360元 |
| JP0066 | 菩曼仁波切 | 林建成◎著 | 320元 |
| JP0067 | 下面那裡怎麼了？ | 莉莎・瑞金◎著 | 400元 |
| JP0068 | 極密聖境・仰桑貝瑪貴 | 邱常梵◎著 | 450元 |
| JP0069 | 停心 | 釋心道◎著 | 380元 |
| JP0070 | 聞盡 | 釋心道◎著 | 380元 |
| JP0071 | 如果你對現況感到倦怠…… | 威廉・懷克羅◎著 | 300元 |
| JP0072 | 希望之翼：倖存的奇蹟，以及雨林與我的故事 | 茱莉安・柯普科◎著 | 380元 |
| JP0073 | 我的人生療癒旅程 | 鄧嚴◎著 | 260元 |
| JP0074 | 因果，怎麼一回事？ | 釋見介◎著 | 240元 |
| JP0075 | 皮克斯動畫師之紙上動畫《羅摩衍那》 | 桑傑・帕特爾◎著 | 720元 |
| JP0076 | 寫，就對了！ | 茱莉亞・卡麥隆◎著 | 380元 |
| JP0077 | 願力的財富 | 釋心道◎著 | 380元 |
| JP0078 | 當佛陀走進酒吧 | 羅卓・林茲勒◎著 | 350元 |
| JP0079 | 人聲，奇蹟的治癒力 | 伊凡・德・布奧恩◎著 | 380元 |
| JP0080 | 當和尚遇到鑽石3 | 麥可・羅區格西◎著 | 400元 |
| JP0081 | AKASH阿喀許靜心100 | AKASH阿喀許◎著 | 400元 |
| JP0082 | 世上是不是有神仙：生命與疾病的真相 | 樊馨蔓◎著 | 300元 |
| JP0083 | 生命不僅僅如此——辟穀記（上） | 樊馨蔓◎著 | 320元 |
| JP0084 | 生命可以如此——辟穀記（下） | 樊馨蔓◎著 | 420元 |
| JP0085 | 讓情緒自由 | 茱迪斯・歐洛芙◎著 | 420元 |
| JP0086 | 別癌無恙 | 李九如◎著 | 360元 |
| JP0087 | 什麼樣的業力輪迴，造就現在的你 | 芭芭拉・馬丁&狄米崔・莫瑞提斯◎著 | 420元 |
| JP0088 | 我也有聰明數學腦：15堂課激發被隱藏的競爭力 | 盧采嫻◎著 | 280元 |
| JP0089 | 與動物朋友心傳心 | 羅西娜・瑪利亞・阿爾克蒂◎著 | 320元 |
| JP0090 | 法國清新舒壓著色畫50：繽紛花園 | 伊莎貝爾・熱志－梅納&紀絲蘭・史朵哈&克萊兒・摩荷爾－法帝歐◎著 | 350元 |
| JP0091 | 法國清新舒壓著色畫50：療癒曼陀羅 | 伊莎貝爾・熱志－梅納&紀絲蘭・史朵哈&克萊兒・摩荷爾－法帝歐◎著 | 350元 |
| JP0092 | 風是我的母親 | 熊心&茉莉・拉肯◎著 | 350元 |
| JP0093 | 法國清新舒壓著色畫50：幸福懷舊 | 伊莎貝爾・熱志－梅納&紀絲蘭・史朵哈&克萊兒・摩荷爾－法帝歐◎著 | 350元 |
| JP0094 | 走過倉央嘉措的傳奇：尋訪六世達賴喇嘛的童年和晚年，解開情詩活佛的生死之謎 | 邱常梵◎著 | 450元 |
| JP0095 | 【當和尚遇到鑽石4】愛的業力法則：西藏的古老智慧，讓愛情心想事成 | 麥可・羅區格西◎著 | 450元 |

善知識系列　JB0099

# 看自己的心，比看電影精彩

作　　者／圖敦・耶喜喇嘛 Lama Thubten Yeshe
譯　　者／張春惠
編　　輯／張威莉、曹華
行　　銷／顏宏紋、李君宜

總 編 輯／張嘉芳
出　　版／橡樹林文化
城邦文化事業股份有限公司
台北市民生東路二段141號5樓
電話：(02)25007696　傳真：(02)25001951
發　　行／英屬蓋曼群島家庭傳媒股份有限公司城邦分公司
台北市民生東路二段141號2樓
讀者服務專線：0800-020-299
24小時傳眞服務：(02)25170999
讀者服務信箱E-mail：cs@cite.com.tw
劃撥帳號：19833503
戶名：英屬蓋曼群島商家庭傳媒股份有限公司城邦分公司
香港發行所／城邦（香港）出版集團有限公司
香港灣仔軒尼詩道235號3樓
電話：(852)25086231　傳眞：(852)25789337
馬新發行所／城邦（馬新）出版集團【Cité (M) Sdn.Bhd.】
41, Jalan Radin Anum, Bandar Baru Sri Petaling,
57000 Kuala Lumpur, Malaysia
電話：(603)90578822　傳眞：(603)90576622
E-mail：cite@cite.com.my

版面構成／歐陽碧智 abemilyouyang@gmail.com
封面設計／黃健民 w110.w110@msa.hinet.net
印　　刷／韋懋實業有限公司

初版一刷／2014年12月
ISBN／978-986-6409-90-5
定價／280元

城邦讀書花園
www.cite.com.tw


國家圖書館出版品預行編目（CIP）資料

看自己的心，比看電影精彩／圖敦・耶喜喇嘛（Lama Thubien Yeshe）著. -- 初版. -- 臺北市：橡樹林文化，城邦文化出版：家庭傳媒城邦分公司發行，2014.12
面；　公分. --（善知識系列；JB0099）
ISBN 978-986-6409-90-5（平裝）

1.藏傳佛教　2.佛教說法

226.965　　103021291

廣　告　回　函
北區郵政管理局登記證
北台字第10158號

郵資已付　免貼郵票

104 台北市中山區民生東路二段 141 號 5 樓

城邦文化事業股份有限公司

橡樹林出版事業部　收

請沿虛線剪下對折裝訂寄回，謝謝！

橡樹林

書名：看自己的心，比看電影精彩　書號：JB0099

橡樹林文化

# 讀者回函卡

感謝您對橡樹林出版社之支持，請將您的建議提供給我們參考與改進；請別忘了給我們一些鼓勵，我們會更加努力，出版好書與您結緣。

姓名：________________ □女 □男　生日：西元__________年

Email：________________________________

● 您從何處知道此書？

□書店 □書訊 □書評 □報紙 □廣播 □網路 □廣告 DM

□親友介紹 □橡樹林電子報 □其他__________

● 您以何種方式購買本書？

□誠品書店 □誠品網路書店 □金石堂書店 □金石堂網路書店

□博客來網路書店 □其他__________

● 您希望我們未來出版哪一種主題的書？（可複選）

□佛法生活應用 □教理 □實修法門介紹 □大師開示 □大師傳記

□佛教圖解百科 □其他__________

● 您對本書的建議：

________________________________

________________________________

________________________________

非常感謝您提供基本資料，基於行銷及客戶管理或其他合於營業登記項目或章程所定業務需要之目的，家庭傳媒集團（即英屬蓋曼群商家庭傳媒股份有限公司城邦分公司、城邦文化事業股份有限公司、書虫股份有限公司、墨刻出版股份有限公司、城邦原創股份有限公司）於本集團之營運期間及地區內，將不定期以MAIL訊息發送方式，利用您的個人資料於提供讀者產品相關之消費與活動訊息，如您有依照個資法第三條或其他需服務之務，得致電本公司客服。

我已經完全瞭解左述內容，並同意本人資料依上述範圍內使用。

________________（簽名）

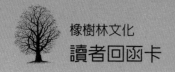

MANDALA OF UNIVERSAL
WISDOM AND COMPASSION